W0108431

Allegria

Das Buch
Grenzen setzen mit der Hilfe der Engel
Alle Virtue-Fans, die sich liebevoll um andere kümmern und sich dabei gern selbst vergessen, erfahren hier, wie sie lernen, selbstbewusst Nein zu sagen. Können Sie sich nur schwer abgrenzen oder es fällt Ihnen nicht leicht, jemandem einen Wunsch abzuschlagen? Dann sind Sie wahrscheinlich den Engeln des Elements Erde zugeneigt. Doreen Virtue zeigt in diesem Buch, wie man trotz Furcht vor Zurückweisung lernt, auch Forderungen zu stellen und dabei gleichzeitig emotionale Bindungen zu vertiefen.

Die Autorin
Doreen Virtue ist Psychologin und Familientherapeutin. Sie stammt aus einer hellseherisch begabten Familie und nutzte schon als Kind ihren »sechsten Sinn« zur Kommunikation mit ihren »unsichtbaren Freunden«. In der von ihr entwickelten Engeltherapie verbindet sie ihre Kompetenz als Psychologin mit ihren spirituellen Fähigkeiten. Doreen Virtue lebt auf Hawaii und gibt weltweit regelmäßig Workshops, in denen sie ihre Engeltherapie unterrichtet. Ihre Bücher, Kartendecks und CDs haben sie zur bekanntesten Engel-Autorin in Deutschland gemacht mit einer Gesamtauflage von über einer Million.

Von der Autorin bei uns im Hause erschienen:
Himmlische Fülle (Allegria) – Engel-Detox (Allegria) – Erzengel Gabriel (Allegria) – Engel-Worte (Allegria) – Chakra Clearing (Allegria) – Engel-Notruf (Allegria) – Feen Notruf (Allegria)

NEIN sagen mit den Engeln der Erde – Die Blumen der Engel – Alles über Erzengel – Alles über Engel – Maria – Königin der Engel – Die Engel-Therapie – Alles über Erzengel – Das hungrige Herz – Erzengel Raphael – Erzengel Michael – Der Tempel der Engel – Medizin der Engel – Erzengel und wie man sie ruft – Botschaft der Engel – Die Zahlen der Engel – Die Heilkraft der Engel – Die Heilkraft der Feen – Engel-Gespräche – Neue Engel-Gespräche – Engel der Erde – Dein Leben im Licht – Das Heilgeheimnis der Engel – Zeit-Therapie – Kristall-Therapie – Engel-Hilfe für jeden Tag – Die neuen Engel der Erde – Der Hunger nach Liebe

CDs: *Die Blumen der Engel – Engel-Worte – Maria- Königin der Engel – Meditationen zur Engel-Therapie – Rückführung mit den Engeln – Erzengel Michael – Erzengel Gabriel – Das Geschenk der Engel – Medizin der Engel – Die Engel von Atlantis – Die Engel der Liebe – Engel der Erde – Heilkraft der Engel – Himmlische Helfer – Heilgeheimnis der Engel*

Kartendecks: *Das Antworten der Engel-Orakel – Schutzengel-Tarot – Das Erzengel-Tarot – Das Engel-Tarot – Das Blumen der Engel-Orakel – Maria – Königin der Engel-Orakel – Das Traum-Orakel der Engel – Das Engel der Liebe-Orakel – Das Lebensorakel der Engel – Das Engel-Therapie-Orakel – Das Engel-Orakel für jeden Tag – Das Heil-Orakel der Feen – Das Erzengel-Orakel – Das Erzengel Michael-Orakel – Das Heil-Orakel der Engel – Das Orakel der himmlischen Helfer – Das Einhorn Orakel – Magisches Orakel der Feen*

DVD: *Angel Reading*
Kalenderaufsteller: *Deine Engel für das ganze Jahr*

DOREEN VIRTUE

NEIN sagen mit den ENGELN der ERDE

Sei liebevoll statt nett

Aus dem Amerikanischen übersetzt
von Angelika Hansen

Ullstein

Besuchen Sie uns im Internet:
www.ullstein-taschenbuch.de

Allegria im Ullstein Taschenbuch

Neuausgabe im Ullstein Taschenbuch
Ullstein Taschenbuch ist ein Verlag der Ullstein Buchverlage
GmbH, Berlin.
1. Auflage Januar 2016
© für die deutsche Ausgabe by Ullstein Buchverlage GmbH,
Berlin 2014
© für die Originalausgabe
ASSERTIVENESS FOR EARTH ANGELS
by Doreen Virtue 2013
Umschlaggestaltung: FranklDesign, München
Titelabbildung: David Howard Johnson
Satz: Keller & Keller GbR
Gesetzt aus der Minion
Druck und Bindearbeiten: CPI books GmbH, Leck
Printed in Germany
ISBN 978-3-548-74634-0

Zu Ehren der Macht Gottes,
die in jedem von uns wohnt.

Inhalt

Vorwort: Erdenengel und Konfliktangst 9
Einführung: Was bedeutet es, »sich zu behaupten«? 21

TEIL I: Grundsätzliches zum
              Thema Selbstbehauptung 29
Kapitel 1:   Alles fing mit dem Ur-Trauma an 30
Kapitel 2:   Wie man lernt, sich zu behaupten 38
Kapitel 3:   Kein Retter mehr sein: Grenzen setzen
              ohne Angst oder Schuldgefühle 55
Kapitel 4:   Freundlich und liebevoll, aber kein
              Schwächling 62
Kapitel 5:   Erdenengel und ihre Art der Kommunikation 68
Kapitel 6:   Schuldgefühle und Angst loslassen 75
Kapitel 7:   Werden Sie zu Ihrer eigenen Autoritätsperson 85

TEIL II: Wie Sie Selbstbehauptung in Beziehungen
              entwickeln können 97
Kapitel 8:   Erdenengel und Beziehungen 98
Kapitel 9:   Ungesunde Beziehungen: Wie man sie erkennt
              und mit ihnen umgeht 106
Kapitel 10:   Menschen müssen nicht repariert werden 142
Kapitel 11:   Das Leben genießen, anstatt allen gefallen
              zu wollen 147
Kapitel 12:   Karmische Beziehungen 157
Kapitel 13:   Elterliche Durchsetzungskraft bei einem
              willensstarken Kind 162
Kapitel 14:   Selbstbewusstsein im Umgang mit
              Autoritätspersonen 168

TEIL III: **Sich in der Welt behaupten** 173
Kapitel 15: Zugehörigkeit und Wertschätzung 174
Kapitel 16: Begeisterte Aufregung anstatt Drama 178
Kapitel 17: Keine Angst vor der eigenen Macht! 189

TEIL IV: **Werkzeuge und Führung für Erdenengel** 207
Kapitel 18: Energiearbeit für Einfühlsame 208
Kapitel 19: Wie Sie mehr Zeit und Energie
finden können 215
Kapitel 20: Engel-Aktivisten 223

Nachwort 231
Über die Autorin 236

Vorwort

Erdenengel und Konfliktangst

Ich war auf einer Dinner-Party mit mehreren berühmten spirituellen Autoren. Mir gegenüber saß eine aus dem Fernsehen bekannte Hellseherin, und neben ihr saß Esther Hicks (bekannt u. a. durch ihr Buch *Gesetz der Anziehung*). Ich hatte ein mulmiges Gefühl, weil die Hellseherin meine Arbeit in der Vergangenheit öffentlich kritisiert hatte, aber ich blieb trotzdem sitzen und tat so, als sei alles in Ordnung in dem Versuch, angenehme Konversation mit ihr zu betreiben. Doch sie bemühte sich gar nicht erst, nett zu sein, und alles, was sie zu mir sagte, fühlte sich wie eine Herabwürdigung an. Schließlich sah die Frau mir direkt in die Augen und sagte mit lauter Stimme, sodass es jeder am Tisch hören konnte: »Mir sind einfach Leute zuwider, die Einhörner und Regenbogen lieben!«

Es folgte eine peinliche Stille. Meine Energie verließ mich, und ich fühlte, wie mein Gesicht heiß wurde.

Dann rettete Esther Hicks die Situation, indem sie sich an die Hellseherin wandte und ohne mit der Wimper zu zucken erwiderte: »Nun, das liegt vielleicht daran, dass Sie noch keine Erfahrung mit Einhörnern und Regenbogen hatten!« Es gab nicht die geringste Spur von Sarkasmus oder Beschwichtigung, weder in Esthers Stimme noch in ihrer Energie. Sie sprach völlig furchtlos und klar.

Niemand sagte etwas. Ich wäre am liebsten weggerannt oder unter den Tisch gekrochen.

Dann erwiderte die Hellseherin seufzend: »Hmm, vielleicht haben Sie recht.«

9

Ich sah Esther voller Dankbarkeit an, weil sie mir soeben eine meiner wichtigsten Lebenslektionen erteilt hatte. Sie zeigte mir, wie man angesichts harscher Energie die eigene Würde und inneren Frieden beibehalten kann. Seither habe ich einen Großteil meiner Zeit dem Studium und der Anwendung dieser spirituellen Kunst gewidmet. In diesem Buch werde ich alles mit Ihnen teilen, was ich dabei gelernt habe.

Ich entdeckte, dass es einen riesigen Unterschied zwischen »nett sein« und »liebevoll sein« gibt. Ich hatte mein gesamtes Leben als »braves Mädchen« verbracht und meine Gefühle versteckt, um andere zu schützen, und das, was ich sagte, zu beschönigen, um Konflikt zu vermeiden. »Wenn du nichts Nettes sagen kannst, sage am besten gar nichts« – das war meine Philosophie. Ich respektierte Autorität in jeder Form, ohne sie infrage zu stellen, und schluckte meine Gefühle runter. Irgendwann wurden diese verdrängten Gefühle dann unerträglich, was dazu führte, dass ich die Person, die sie auslöste, konfrontierte oder den Kontakt mit ihr oder ihm abbrach.

Ich dachte, ich sei nett und lieb.

Ich war es nicht.

Ich war voller Angst, was das Gegenteil von Liebe ist.

Als ich um Hilfe für meine Beziehungen betete, empfing ich immer mehr wichtige Lebensinformationen. Ich hörte sie als intuitive »Downloads«, die plötzlich wie eine Art inneres Wissen oder *Aha!*-Einsicht auftraten. Manchmal waren die Lektionen von visuellen oder akustischen Lehren begleitet. Ich sah die Visionen oder hörte eine Stimme in meinem rechten Ohr – die Art, wie die Engel seit meiner Kindheit mit mir kommuniziert haben.

Die erste Lektion, die ich lernte, besagte, dass so sensitive Menschen wie Sie und ich als Erdenengel mit einer wichtigen

10

Aufgabe hierher »geschickt« wurden: um Konflikte auf diesem Planeten zu entschärfen und zu reduzieren. Zu unserer Aufgabe gehört es nicht, Konflikte zu ignorieren, sondern sie zu *lösen*.

Wir Erdenengel sind wie liebevolle, aber strenge Eltern, die hierhergesandt wurden, um Gottes segensreiche Macht zum Ausdruck zu bringen und anderen zu helfen.

Als Analogie ein Beispiel: Wenn ein Kind Süßigkeiten essen will und sagt, dass es dadurch glücklich wird, würden gute Eltern das erlauben?

Natürlich nicht. Selbst wenn das Kind weint oder einen Wutanfall kriegt, müssen gute Eltern die ständigen Forderungen nach Süßigkeiten ablehnen. Sie können diese Reaktion mildern, indem sie gelegentlich etwas Süßes erlauben, oder es durch gesündere Naschereien ersetzen. Wie immer jedoch mit der Situation umgegangen wird, es liegt an den Eltern, stark genug zu sein, um Nein zu sagen.

Diese Metapher passt perfekt zu unserer Lebensaufgabe. Bei jeder Art von Konflikt auf diesem Planeten – egal, ob es sich um einen Streit unter Partnern oder kriegerische Auseinandersetzungen zwischen Ländern handelt – verhält es sich wie bei kleinen Kindern, die einen Wutanfall kriegen, weil sie nicht das bekommen, was sie haben wollen. Wir als Erdenengel müssen die elterliche Rolle übernehmen und eine friedliche Lösung herbeiführen.

Konfliktmanagement kann unangenehm sein, weil Erdenengel so sehr auf jede Form von Energie eingestimmt sind. Wir spüren, wenn andere gestresst, wütend, traurig sind oder sich nicht wohlfühlen. Ihre emotionale Energie wirkt sich unmittelbar auf uns aus. Zum Glück können wir unsere Aufmerksamkeit benutzen, um dieses Unbehagen in eine gesündere und friedlichere Richtung zu verlagern.

Erinnern Sie sich an die fürsorglichen Eltern: Sie nehmen am Konflikt ihres Kindes teil, weil sie es lieben. Mit einem liebevollen Herzen sagen sie die Wahrheit – egal, ob es sich dabei um ihr Kind, einen Freund oder eine Freundin, ihren Partner oder Kollegen handelt. Sie zeigen ihre wahren Gefühle, weil sie wissen, dass dies der einzige Weg zu einer langfristigen und gesunden Beziehung ist.

Die eigenen Gefühle zurückzuhalten ist so, als würde man immer mehr Luft in einen Ballon pumpen. Es gibt ein Limit, wenn es darum geht, wie viel Luft in einen Ballon passt, bevor er explodiert!

Mit Konflikten Frieden schließen

Widerstand bringt uns dazu, stärker zu werden, und auch ich hatte meinen Anteil an widrigen Umständen! Ich bin ausgetrickst, manipuliert und verklagt worden, und man hat üblen Tratsch über mich in die Welt gesetzt. Ich wurde hintergangen, belogen, im Stich gelassen; man hat mir aufgelauert, mich ausgenutzt, misshandelt und mir so gut wie jeden Schmerz zugefügt, den man sich denken kann. Doch anstatt zu verbittern, bin ich mit jeder Erfahrung stärker und weiser geworden.

Tatsächlich habe ich gelernt, dass man seine innere Kraft am besten dann findet, wenn man in die Enge getrieben wird und buchstäblich mit dem Rücken zur Wand steht.

Ein paar Jahre nachdem Esther Hicks mich verteidigt hatte, ging ich durch eine Scheidung, in deren Verlauf es der Anwalt meines Exmannes auf übelste Weise darauf anlegte, mir jeden Cent, den ich in meinem Leben verdient hatte, zu nehmen … und jeden Cent, den ich *jemals verdienen würde*! Sie verlangten mein Haus, meine Altersrücklagen und die Hälfte aller zukünftigen Einnahmen, solange ich lebe. Mein konfliktscheues Selbst erlaubte in der Regel anderen Menschen, sich alles von mir zu nehmen, was sie wollten, wenn auf diese Weise der liebe Frieden erhalten blieb. *Doch dieses Mal hatte ich keine Chance, ich musste für mich selbst einstehen.* Ich musste mich dem Konflikt rückhaltlos stellen. Als ich regelmäßig um Hilfe betete, hörte ich deutlich Erzengel Michael sagen, dass er über mich wachte.

Die Situation war beängstigend und machte mich wütend. Ich ertrug Prozesszusteller, eidesstattliche Aussagen und Gerichtssäle. Ich hatte Gefühle, die ich vorher nicht kannte. Ich erinnerte mich an vergangene Leben, in denen ich verfolgt und gejagt worden war.

Am Anfang war ich wütend auf meinen Exmann, dass »er mir das antat«. Ich fühlte mich wie ein völlig wehrloses Opfer.

Doch schließlich erwachte ich aus meiner Erdenengel-»Blase« und erkannte, dass diese negativen Dinge in meinem Leben passierten, weil ich nicht auf die Stimme des Himmels hörte. Mir wurde klar, dass Gott und die Engel versucht hatten, mich vor jeder dieser schmerzhaften Erfahrungen zu warnen, und wenn ich ihre Alarmsignale bemerkt hätte, wäre mir eine Menge Schmerz erspart geblieben. So musste ich verstärkt an meiner Vergebungsfähigkeit arbeiten, um Frieden mit mir zu schließen angesichts der Tatsache, dass ich mich letzten Endes selbst betrogen hatte.

Und sobald ich mir für die Situation, in die ich geraten war, vergeben hatte, fand ich meine innere Kraft und Stärke. Ich stand für mich ein, wehrte mich und übernahm die Kontrolle über die Situation! Dabei ging es nicht um das Ergebnis der Scheidung. Es ging für mich ausschließlich darum zu lernen, wie man sich mit Anmut, Haltung und innerem Frieden allen Widrigkeiten stellen kann.

Und heute möchte ich diese aufregende Information an Sie weitergeben! Auch Sie können lernen, in widrigen Umständen friedlich und liebevoll auf sich selbst zu achten.

Aus jedem schmerzhaften Ereignis habe ich immens viel gelernt, und dieses Buch ist meine Gelegenheit, dieses teuer erkaufte Wissen mit Ihnen zu teilen. Was bedeutet, dass mein Wissen sowohl auf eigenen Erfahrungen als auch auf der Arbeit mit Menschen überall auf der Welt basiert.

Im Laufe der Jahre habe ich Tausende von Erdenengeln auf der ganzen Welt interviewt, beraten und unterrichtet. Ich habe von den Ängsten gelernt, die uns dazu bringen, auf eine Weise zu handeln, mit der wir uns selbst sabotieren. Und was noch wichtiger ist: Ich habe gelernt, wie man diese Ängste und Verhaltensweisen *überwinden* kann!

Zu Beginn meines Psychologie-Studiums lernte ich intellektuell viel über Selbstbehauptung. Ich wusste, dass Selbstbehauptung oder Durchsetzungskraft eine Möglichkeit war, meine Gefühle und Bedürfnisse zu kommunizieren und gleichzeitig die Rechte anderer Menschen zu respektieren. Hingegen kostete es mich viele Jahre zu lernen, wie ich meine *eigenen* Rechte respektieren konnte.

Sind Sie ein Erdenengel?

Erdenengel ist ein Begriff, um Personen zu beschreiben, die:

- hochsensitiv sind
- eine »unschuldige« Sichtweise von Liebe und Leben haben, von anderen manchmal als »naiv« bezeichnet werden
- an Gottes liebevolle Macht glauben (aber nicht unbedingt religiös sind)

- sanft und fürsorglich sind
- das Beste in anderen sehen, einschließlich ihres verborgenen Potenzials
- vertrauensvoll und optimistisch sind
- ausgenutzt wurden von jenen, die das Nettsein der Erdenengel für ihre eigenen Zwecke ausbeuten
- schmerzhafte Beziehungserfahrungen hatten, aber nach wie vor an wahre Liebe und Freundschaft glauben
- die magischen Aspekte der Spiritualität schätzen, wie zum Beispiel Manifestation, Einhörner, Feen, Meerjungfrauen und Ähnliches
- sich zu einer Mission aufgerufen fühlen, mit einem Gefühl von Verantwortung und Führung im Hinblick auf andere Menschen, einschließlich Fremden
- wollen, dass jeder glücklich ist
- leiden, wenn andere ärgerlich oder wütend sind
- an Fairness und Gerechtigkeit glauben.

Erkennen Sie sich oder jemand, den Sie lieben, in diesen Charakterisierungen wieder?

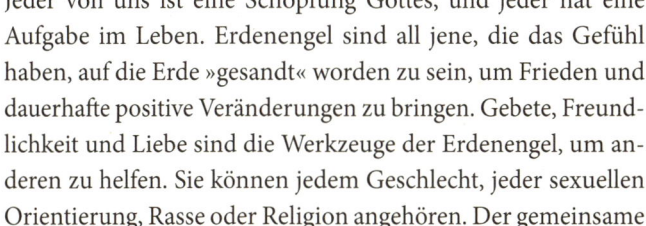

Jeder von uns ist eine Schöpfung Gottes, und jeder hat eine Aufgabe im Leben. Erdenengel sind all jene, die das Gefühl haben, auf die Erde »gesandt« worden zu sein, um Frieden und dauerhafte positive Veränderungen zu bringen. Gebete, Freundlichkeit und Liebe sind die Werkzeuge der Erdenengel, um anderen zu helfen. Sie können jedem Geschlecht, jeder sexuellen Orientierung, Rasse oder Religion angehören. Der gemeinsame Nenner besteht darin, dass Erdenengel ein tiefes Bedürfnis

15

verspüren, Menschen zu helfen und »dafür zu sorgen, dass sie glücklich sind«. Tatsächlich sind sie selbst *nur dann* glücklich, wenn andere glücklich sind.

Manchmal werden Erdenengel auch *Lichtarbeiter* genannt, ein verwandter Begriff für hochsensitive Menschen auf einer spirituellen Mission mit dem Ziel, Frieden in die Welt zu bringen. In meinen Augen sind Erdenengel eine Unterkategorie der Lichtarbeiter. Sie sind die sanften, fürsorglichen und liebevollen Lichtarbeiter der Welt.

In meinen Büchern *Engel der Erde* und *Die neuen Engel der Erde* beschreibe ich die diversen Ursprungsbereiche der Lichtarbeiter, einschließlich jenen der *inkarnierten Engel*. In diesem Buch umfasst der Begriff *Erdenengel* all diese verschiedenen Bereiche und Ebenen; plus Regenbogen-, Kristall- und Indigo-Kinder und -Erwachsene.

Im höchsten Sinne führen Erdenengel allgemein eine wichtige Mission aus, indem sie mit einem Lächeln durch die Welt gehen und jeden erfreuen, mit dem sie in Kontakt kommen. Sie sind geborene Heiler, deren bloße Gegenwart Menschen, Tiere und Pflanzen heilt. Erdenengel sind eng mit dem Göttlichen verbunden und äußerst intuitiv.

Tatsächlich sind sie so sehr mit dem Himmel verbunden, dass sie häufig nicht ganz hier zu sein scheinen, nicht ausreichend geerdet und vergesslich sind.

Als Erdenengel sind Sie besessen von dem Wunsch, andere glücklich zu machen. Wenn jemand, den Sie lieben, unglücklich ist, setzt Ihnen das sehr zu. Unter Umständen geben Sie sich selbst die Schuld an seinem oder ihrem Unglück, was zu dem bekannten Erdenengel-Syndrom der Ko-Abhängigkeit führt, bei dem Ihr eigenes Glück vom Glück anderer abhängig ist. Und da Sie das Glück anderer Menschen nicht kontrollieren können, fühlen Sie sich nicht in der Lage, Ihr eigenes Glück zu sehen oder zu kontrollieren, da es von jemand anderem abhängt.

Erdenengel sind in der Regel »Konflikt-Phobiker«, was bedeutet, dass sie Angst vor Auseinandersetzungen und Konfrontationen haben. Wütende Menschen sind für einen Erdenengel das Gegenteil von glücklichen Menschen. Wenn sie sich also mit einem solchen Individuum konfrontiert sehen, werden Erdenengel sich verschließen und sich für gewöhnlich den Wünschen anderer Personen anpassen, weil sie meinen, etwas falsch gemacht zu haben, wenn der andere unglücklich oder wütend ist. Sie sind überzeugt, dass sie ihre Aufgabe verfehlt haben, anderen Freude zu bringen. Als Resultat werden Erdenengel praktisch alles tun, um den Frieden aufrechtzuhalten!

Ihre Konfliktangst macht Erdenengel zu Zielscheiben manipulativer Personen, die das Nettsein anderer ausnutzen. Bevor sie ihre Erdenlektion im Hinblick auf das Setzen gesunder Grenzen lernen, erliegen Erdenengel häufig dem Zauber narzisstischer Persönlichkeiten, denen es nur um die Erfüllung ihrer eigenen Bedürfnisse geht. (Wir werden dieses Thema später in diesem Buch ausführlich behandeln.)

Erdenengel geraten immer wieder in eine Zwickmühle, weil ihre Lebensaufgabe darin besteht, Frieden in die Welt zu bringen. Sie sind Lichter, vom Himmel gesandt, um Frieden und Glück erstrahlen zu lassen und das Bewusstsein und die Vibrationen anderer Menschen auf eine höhere Ebene zu bringen. Sie gehören in der Regel zu den freundlichsten, nettesten und sanftmütigsten Menschen überhaupt! Tatsächlich sind sie stolz darauf, auch in den schwierigsten Situationen liebevoll zu sein (wobei Erdenengel auch wütend werden können, wenn sie bis zum Äußersten getrieben werden).

17

Erdenengel verstehen sich selbst als zäh und robust, obwohl sie hochsensitiv sind. Sie nehmen die Lasten anderer Menschen auf sich und bitten selten um Hilfe. Wenn Hilfe angeboten wird, lehnen sie dankend ab. Sie haben Angst, andere »zu belästigen«. Ein Erdenengel denkt: *Wenn ich diesem Menschen erlaube, mir zu helfen, bin ich schuld daran, dass er alle möglichen schwierigen Dinge tun muss, was vielleicht dazu führt, dass er müde oder traurig wird. Das möchte ich keinem anderen zumuten, also werde ich es lieber selbst tun.*

Weil Erdenengel das Potenzial und innere Licht anderer sehen können, neigen sie dazu, das verletzende Verhalten anderer Menschen zu übersehen – vor allen Dingen *ihnen selbst* gegenüber. Ein Erdenengel wird Entschuldigungen für den finden, der ihn schlecht behandelt hat und sagen: »Oh, sie hat es nicht so gemeint … So schlimm war es ja gar nicht«, oder: »Er hatte einfach einen schlechten Tag.« Die Person, die verletzend handelt, muss sich keinerlei Mühe geben, sich zu rechtfertigen, denn der Erdenengel tut es *für sie oder ihn!*

Wie können solche Menschen sich über die Wirkungen ihres Verhaltens bewusst werden, wenn Erdenengel ständig Entschuldigungen für sie finden? Wie sollen andere die Verantwortung für ihr Leben übernehmen, wenn Erdenengel ihnen anbieten, die Verantwortung *für sie* zu übernehmen?

Als Erdenengel sind Sie hier, um mehr Licht in die Welt zu bringen, und nicht um anderen ihr egozentrisches Verhalten zu ermöglichen! Indem Sie in all Ihren Beziehungen immer nur geben, können Sie aus dem inneren Gleichgewicht geraten und unter typischen Symptomen leiden, einschließlich:

✾ **Ressentiments.** Wenn Sie das Gefühl haben, für Ihre Freundlichkeit und Nettigkeit ausgenutzt und nicht auf die gleiche

Weise behandelt zu werden, kann das zu Ressentiments führen, die eine toxische Energie erzeugen, die Ihnen das Leben versauert und unter Umständen gesundheitliche Konsequenzen zur Folge hat.

❀ **Erschöpfung.** Konstantes Geben raubt Ihnen Zeit, Energie, Geld und andere Ressourcen. Vielleicht bleiben Sie halbe Nächte wach und stehen früh auf, um genug Zeit zu haben, für andere da zu sein.

❀ **Geldprobleme.** Zahlen Sie immer für alles? Wenn ja, ist das ein Zeichen dafür, dass Ihre Beziehungen aus dem Gleichgewicht geraten sind.

❀ **Gesundheitliche Probleme.** Unter Umständen führt Ihre aus dem Gleichgewicht geratene Energie zu ernsten gesundheitlichen Problemen. Das kann von Hautproblemen (unterdrückte Wut) und Gewichtszunahme (sich selbst mit überflüssigen Pfunden schützen) zu Halskrankheiten (Angst davor, die eigene Wahrheit auszusprechen) und Brusterkrankungen führen (alle nähren, so lange, bis Ihre Energie »verbraucht« ist).

Wenn Sie ein gesundes Selbstwertgefühl besitzen, werden Sie Beziehungen mit lieben Menschen wählen, die Sie nicht ausnutzen. Jedoch fühlen die meisten Erdenengel sich zu unglücklichen Personen hingezogen, die »repariert« werden müssen. Das gibt ihnen das Gefühl, eine Aufgabe zu haben.

Es kann durchaus sein, dass Sie wirklich nette Menschen kennenlernen, sie jedoch nicht weiter beachten oder sich nicht zu ihnen hingezogen fühlen, da sie bereits geheilt sind. Also schlägt Ihr Herz schneller, wenn Sie unglücklichen oder zorni-gen Menschen begegnen, da diese eine Herausforderung dar-stellen. *Ich kann sie glücklich machen*, lautet Ihre unbewusste Entscheidung.

Andere Menschen können spüren, dass Sie verzweifelt wün-schen, sie glücklich zu sehen. Also fangen sie an, Sie auszunut-zen und sich auf Sie zu verlassen, wenn es um ihre Unterhal-tung, Hilfe und emotionales Wohlbefinden geht. Und wenn sie unglücklich sind (was meistens der Fall ist, denn in Wahrheit kann sich jeder nur selbst glücklich machen … und wir *alle* sind unglücklich, wenn wir jemand anderen benutzen, oder in der Außenwelt unser Glück suchen), geben sie *Ihnen* die Schuld! Und dann machen Sie sich selbst Vorwürfe, und Ihr Licht wird schwächer.

Teil Ihrer Lebensaufgabe ist es zu lernen, wie Sie positive Grenzen ziehen können. Es hat damit zu tun, Menschen auf eine Weise zu lieben, die gesund ist, anstatt ihr Verhalten hin-zunehmen und ständig Entschuldigungen dafür zu finden.

Einführung

Was bedeutet es, »sich selbst zu behaupten«?

Es gibt eine Menge Konfusion und Missverständnisse, wenn es um den Begriff »Selbstbehauptung« geht. Manche Menschen verwechseln Selbstbehauptung mit Aggressivität. Es ist also kein Wunder, dass Sie Angst davor haben, sich zu behaupten. Daher ist es sehr wichtig, unsere Begriffe zu definieren, damit wir ein gegenseitiges Verständnis dessen haben, worüber wir hier sprechen.

Eine Definition von Selbstbehauptung/Durchsetzungskraft

Selbstbehauptung bedeutet, dass Sie sich Ihrer Gefühle und Meinungen bewusst sind und diese sich selbst und anderen gegenüber auf eine Weise zum Ausdruck bringen, die die Rechte der anderen respektiert. Ein durchsetzungsfähiger Mensch ist freundlich, friedvoll und sanftmütig, entschuldigt sich aber nie für seine Gefühle, denn Gefühle sollten gewürdigt und respektiert werden. Durchsetzungsfähigkeit ist spirituell wahr, da sie eine Art der Interaktion darstellt, die bestätigt, dass Sie mit anderen Menschen eins und ihnen ebenbürtig sind. Daher haben Sie das gleiche Recht wie andere Menschen, glücklich zu sein.

Selbstbehauptung in zwischenmenschlichen Beziehungen: Wenn Sie sich behaupten können, wissen Sie, dass Beziehungen darauf aufgebaut sind, Ihr wahres Selbst offenzulegen. Ansonsten werden Sie sich nie geliebt fühlen, da die andere Person Ihr wahres Selbst gar nicht kennt! Der einzige Weg, sich wirklich geliebt zu fühlen, besteht darin, das Risiko einzugehen, ganz Sie selbst zu sein und dann festzustellen, dass Sie um Ihrer selbst willen akzeptiert und geschätzt werden.

Selbstbehauptung im Geschäftsleben: In der Geschäftswelt geht es immer darum, Respekt zu gewinnen. Wenn Sie in Ihrem Job selbstbewusst sind, nehmen Sie kein Blatt vor den Mund. Weder erheben Sie Ihre Stimme, noch machen Sie andere nieder oder lehnen von vorneherein die Meinung anderer ab. Sie müssen nicht »taff« oder traditionell »männlich« sein, um sich durchzusetzen. Tatsächlich kann Durchsetzungskraft extrem sanft sein. Ein durchsetzungsfähiger Geschäftsmann oder eine durchsetzungsfähige Geschäftsfrau äußert sich mit Leidenschaft und gleichzeitig ruhig.

Selbstbehauptung in Bezug auf die Lebensaufgabe: Als Erdenengel haben Sie eine sehr wichtige Mission zu erfüllen. Sie sind hier, um im Namen jener zu sprechen, die nicht für sich selbst sprechen können (zum Beispiel Kinder, Tiere, unterdrückte Menschen sowie die Natur und Umwelt). Sie sind hier, um anderen zu helfen, göttliche Botschaften zu hören und ihnen zu vertrauen. Das bedeutet, dass Sie berufen sind, Lehrer oder Lehrerin zu sein, damit Sie wichtige Informationen weitergeben können – entweder in einem institutionalisierten Umfeld wie beispielsweise eine Schule, oder im persönlichen Kontakt mit den Menschen, denen Sie im Laufe Ihres Lebens begegnen.

Als Erdenengel wird außerdem von Ihnen erwartet, sich als Fürsprecher oder Anwalt einer guten Sache oder als Aktivist zu betätigen. Das bedeutet, aufmerksam zu bleiben und zu wissen, was in der Welt los ist und dafür zu sorgen, dass jeder eine Stimme hat. In praktischer Hinsicht heißt das, Petitionen zu unterschreiben, sich zu Wort zu melden, Aufklärungskampagnen zu unterstützen, an Meetings teilzunehmen, Ihre örtlichen Regierungsvertreter zu kontaktieren, ehrenamtliche Tätigkeiten auszuführen, zu beten und sich an friedlichen Kundgebungen zu beteiligen.

Was Selbstbehauptung **nicht** ist

Und jetzt stellen wir dieser positiven, durchsetzungsfähigen Energie Aggression und ähnliche Eigenschaften gegenüber.

Aggression bedeutet, dass Sie sich nur um Ihre eigenen Gefühle und Rechte sorgen und nicht um den anderen Menschen. Aggression ist laut, wütend und hässlich. Ein aggressiver Mensch will sein Gegenüber mürbe machen, indem er sich aufdringlich, drohend und trotzig verhält, bis man seinen oder ihren Forderungen zustimmt.

Natürlich werden wir alle hier und da wütend. Und hoffentlich lernen wir jedes Mal davon, wenn ein solcher Fall eintritt. Zum Beispiel, indem wir Wege finden, mit der Wut umzugehen, anstatt sie runterzuschlucken, bis wir irgendwann zu einer tickenden Zeitbombe werden und explodieren.

Aggression ist etwas anderes, als hier und da die Fassung zu verlieren. Aggression bedeutet, dass Sie nur an sich selbst denken und einem anderen Menschen Ihren Willen aufzwingen. Es bedeutet, dass Sie entschieden haben, dass Ihre Rechte wichtiger sind als die Rechte anderer. Erdenengel sind viel zu sensitiv, um sich längere Zeit so zu verhalten. Der Erdenengel weiß, dass wir alle eins sind und die gleichen Rechte haben.

23

Passive Aggression

Passiv-aggressives Verhalten wird häufig mit Durchsetzungskraft verwechselt. Die passiv-aggressive Reaktion bedeutet, dass Sie Angst vor Konflikten haben und daher Ihre Wut auf eine Weise zeigen, die andere Menschen verletzt, doch gleichzeitig so schwer zu fassen ist, dass der andere zwar unangenehm spürt, dass etwas nicht in Ordnung ist, man Ihnen aber keine Vorwürfe machen kann.

Im Geschäftsleben: Passiv-aggressive Menschen sabotieren die Aufträge, die sie nicht erledigen wollen.

Zum Beispiel wurde einer Frau, die ich kenne, eine Aufgabe gegeben, die sie hasste. Doch hatte sie Angst, ihrem Chef die Wahrheit zu sagen; stattdessen machte sie bei der Erledigung viele Fehler, um dafür zu sorgen, dass man sie nie wieder mit dieser Aufgabe betrauen würde.

In zwischenmenschlichen Beziehungen: Zu den Beispielen passiver Aggression gehört das Zurückhalten von Liebe oder Sex, bis Sie Ihren Willen durchgesetzt haben. Oder in der Öffentlichkeit verletzende Dinge über Ihren Partner zu sagen, die Sie ihm oder ihr privat nicht zu sagen wagten.

Passivität

Und dann gibt es noch die generelle Passivität. Was bedeutet, dass Sie weder sich selbst noch anderen gegenüber Ihre Gefühle anerkennen. Passiv zu sein heißt, dass Sie Ihre Gefühle betäubt haben, damit Sie sich nicht länger um sich selbst, um andere oder die Probleme in der Welt kümmern müssen. Passive Menschen sind vor Verantwortung und ihren Emotionen davongelaufen, indem sie sich mittels Drogenkonsum oder Isolation »abgemeldet« haben, oder von Job zu Job und von einer Beziehung in die nächste getaumelt sind.

Im Geschäftsleben: Passive Menschen stellen die Launen und Wünsche ihrer Chefs nie infrage und tun alles, was man von ihnen erwartet. Im Allgemeinen sind passive Menschen wie Korken, die auf dem Wasser schwimmen, ohne jegliche Kontrolle oder eigene Meinung. Sie haben Träume, erwarten jedoch nie, sie in die Tat umzusetzen, denn Träume sind für »glückliche, reiche oder berühmte Leute«. Der Passive glaubt, dass erfolgreiche, glückliche Menschen so geboren wurden, ohne sich klarzumachen, dass allen die gleichen Möglichkeiten zur Verfügung stehen, sofern sie entschlossen sind und bereit, sich voll einzubringen.

In zwischenmenschlichen Beziehungen: Passiv zu sein bedeutet, dass Sie anderen erlauben zu kontrollieren, was Sie tun, sich sozusagen »zum Fußabstreifer machen«. Menschen mit ausgeprägter Passivität werden häufig depressiv in einem Zustand, der in der Psychologie *erlernte Hilflosigkeit* genannt wird. Es ist beinahe so, als wäre ihnen die eigene Seele aus dem Leib geprügelt worden. Doch zum Glück ist jede Seele lebendig, makellos und stets bereit, sich zu neuem Leben entfachen zu lassen.

Manche Menschen sind passiv, weil sie Angst haben, dass man ihr wahres Wesen erkennen könnte. Dies rührt in der Regel von Kindheitserlebnissen her, wo sie übermäßig gehänselt oder dafür bestraft wurden, ihre Meinung zu sagen oder Wut auszudrücken. Dieses passive Verhalten kann auch auf ein vergangenes Leben zurückgeführt werden, wo sie getötet oder gefoltert wurden oder sich mit irgendeiner anderen Art schmerzhafter Erfahrung konfrontiert sahen. Während passive Menschen von dem verzweifelten Wunsch beseelt sind, in dieser Welt effektiv zu sein, haben sie gleichzeitig Angst davor, dieses Risiko einzugehen. Daher helfe ich ihnen in meinen Seminaren und meiner *Angel Therapy*-Arbeit zu erkennen, dass sie nicht mehr in ihrer Kindheit oder in den mittelalterlichen Zuständen leben, an die sie sich erinnern – und dass es im Leben darum geht, Risiken zu wagen!

Himmlische Hausaufgaben

Gelegentlich lerne ich Menschen kennen, die mit mir über ihre Passivität diskutieren. Sie sagen mir, dass sie in Beziehungen und in der Welt passiv sind, weil sie sich auf das Gesetz der Anziehung verlassen. Sie argumentieren, dass das, woran man denkt, wahr wird, sodass sie nur an das *Gute* und an *Frieden* und *Glück* denken müssen, um das Gewünschte wahr werden zu lassen.

Natürlich ist es wundervoll, wenn Sie Ihren ganzen Fokus auf das Positive richten! Doch es reicht nicht. Negativität mit positiven Affirmationen zu überdecken ist so, als würde man einen neuen Teppich über einen schmutzigen Boden legen. Der Schmutz ist noch immer da!

Wenn Gebete und positive Gedanken ausreichen würden, hätten Sie und ich einfach im Himmel bleiben und den Menschen hier auf der Erde positive Energie senden können. Wenn wir wirklich beten (und nicht nur die Worte aussprechen), bekommen wir immer »himmlische Hausaufgaben« zugeteilt, aktive Schritte, die zu nehmen wir göttlich geführt werden.

Zu diesen aktiven Schritten »himmlischer Hausaufgaben« gehört es, ein bestimmtes Buch zu lesen, jemanden anzurufen oder an einen bestimmten Ort zu fahren, andere über ein Thema zu unterrichten, ein neues Projekt zu starten, und so weiter.

Der Grund, warum wir einen physischen Körper haben, besteht darin, dass wir unsere menschliche Stimme brauchen, unsere menschlichen Bemühungen, und unsere Fähigkeit, aktive Schritte vorzunehmen.

Stellen Sie sich die verschiedenen Erzengel als die himmlischen Entsprechungen dazu vor:

❀ **Erzengel Michael** ist kontinuierlich mit seiner Aufgabe beschäftigt, Angst auszumerzen, indem er himmlische Handlungsschritte vornimmt. Er benutzt sein Markenzeichen, das Schwert, und seine friedliche Krieger-Energie, um niedrige Energien zu beseitigen.

❀ **Erzengel Ariel** ist aktiv damit beschäftigt, die Umwelt zu heilen und zu bewahren.

❀ Und dann ist da noch **Erzengel Gabriel**, zu dessen Aktionen es gehört, Botschaften zu übermitteln und menschliche Boten zu ermutigen, wie zum Beispiel Schriftsteller, Lehrer und Künstler.

Diese Engel bieten uns Erdenengeln perfekte Beispiele dafür, wie wir in Aktion treten können. Manchmal müssen wir einen Kampf aufnehmen wie Erzengel Michael. Ein anderes Mal müssen wir uns aktiv für die Umwelt einsetzen wie Erzengel Ariel. Und dann wieder müssen wir unsere Stimme erheben wie Erzengel Gabriel. All dies sind sehr machtvolle Handlungsschritte!

Licht und Liebe zu verbreiten bedeutet nicht, Worte und ein schnelles Gebet zu sagen. Es bedeutet, tief in Ihr Innerstes zu gehen und die Macht Gottes und des Universums anzurufen, um sich von ihr erfüllen zu lassen und dann diese Macht nach außen zu senden. Das muss nicht unbedingt viel Zeit in Anspruch nehmen, doch bedeutet es, Ablenkungen von außen auszuschalten. Also schließen Sie die Augen, nehmen ein paar tiefe Atemzüge und bitten das Licht und die Liebe des Universums, Ihr Herz zu erfüllen und Ihren Entschluss zu bekräftigen.

Teil I

Grundsätzliches
zum Thema
Selbstbehauptung

1

Alles fing mit dem Ur-Trauma an

*B*evor Sie geboren wurden, hatten Sie ein ideales Leben im Himmel. (*Himmel* bedeutet eine hoch vibrierende nicht-physische Existenz. Es ist die Dimension, in der wir zwischen unseren physischen Inkarnationen leben.)

Im Himmel gibt es keine Rechnungen zu bezahlen, keine dringenden Deadlines und keinen Stress. Sie verbringen Ihre Zeit damit, Menschen und Tieren auf der Erde zu helfen; zu lernen, wie das Universum funktioniert; in Ihrem Verständnis aller Dinge zu wachsen; und Ihre Vibration zu erhöhen.

Auf der Erde gibt das Ego den Ton an, weil der physische Körper ernährt, gekleidet und beschützt werden will. Dies setzt ein System der Konkurrenz in Gang, in dessen Verlauf Menschen alles daran setzen, um ihre Bedürfnisse zu erfüllen. Es herrscht der Glaube: *Ich sollte lieber dafür sorgen, dass ich bekomme, was mir zusteht, bevor es ein anderer bekommt.* Dies führt zu ständigem Herumhasten und Stress, um mithalten zu können und Geld zu verdienen.

Nun wollen wir tief durchatmen und all diese Energie loslassen, während wir uns auf den Himmel fokussieren. Im Gegensatz zu dem materiell konkurrierenden Fokus der Erde wird im Himmel jedes Bedürfnis sofort erfüllt. Es gibt keinen physischen Körper, also gibt es auch keine Sorge um Nahrung und Jobs.

Im Himmel gibt es weder Konkurrenz noch Rivalität, weil es keine Bedürfnisse gibt. Niemand braucht Geld, Häuser, Autos, Prestige oder einen Job. Also trickst Sie weder jemand aus, noch werden Sie von anderen manipuliert. Warum auch, wenn es nichts zu gewinnen gibt? Abgesehen davon ist die Wahrheit im Himmel spürbar und offensichtlich, daher gibt es keine Möglichkeit, andere zu täuschen.

Im Himmel fühlt sich jeder unterstützt und respektiert für das, was er ist. Freundlichkeit und Rücksicht sind das Gebot, und es herrscht unendliche Geduld. Jeder verhält sich liebevoll gegenüber jedem anderen, da die meisten Menschen die spirituelle Erkenntnis des Einsseins gewonnen haben und wissen, dass die Art, wie sie mit anderen umgehen, in Wahrheit die Art ist, wie sie mit sich selbst umgehen.

Stellen Sie sich vor ...

Nehmen Sie sich einen Moment Zeit, und stellen Sie sich vor, wie es ist, ganz und gar geliebt und gewürdigt zu werden. Es gibt keine Notwendigkeit, sich selbst zu beweisen. Sie wissen, dass Sie liebenswert sind, so wie jeder andere auch. Erleben Sie dieses warme Gefühl allumfassender Liebe in Ihrem Herzen, und lassen Sie diese Wärme in Ihren ganzen Körper ausstrahlen.

Stellen Sie sich vor, wie es ist, jedem Menschen, dem Sie begegnen, zu vertrauen und sich in seiner oder ihrer Gegenwart entspannt und sicher zu fühlen. Sie wissen, dass die Herzen aller Menschen, denen Sie begegnen, offen sind, und dass sie sich tatsächlich ihres Einsseins mit allen anderen bewusst sind. Was bedeutet, dass sie nichts Böses tun werden, weil sie wissen, dass sie sich selbst damit schaden würden.

Stellen Sie sich vor, an einem Ort zu sein, wo jeder glücklich und gesund ist. Wo die Sonne immer scheint und die Temperatur immer genau richtig ist. Stellen Sie sich Blumen und Vögel und Tiere in einem ewigen Frühling vor ...

Sie fühlen und sehen den *Himmel*.

31

Der Rekrutierungsprozess

Jetzt sind Sie also im Himmel, entspannen und erholen sich und tun Ihre Arbeit und fühlen sich wunderbar, weil Sie rückhaltlos geliebt werden. Und dann kommen eines Tages »Anwerber« und bitten Sie, für eine sehr wichtige Mission auf die Erde zurückzukehren, die nur Sie erfüllen können. Zuerst wehren Sie sich gegen diese Aufforderung. Schließlich waren die Menschen das letzte Mal, als Sie auf der Erde waren, nicht so nett zu Ihnen.

Sie erinnern sich an vergangene Lebenszeiten, wo Sie auch als Erdenengel unterwegs waren. Und im Laufe der Geschichte sind Erdenengel aufgrund ihrer spirituellen Fähigkeiten des Heilens und Lehrens oft missverstanden und verfolgt worden. Höchstwahrscheinlich gab es mindestens eine Inkarnation, in der Sie aufgrund Ihrer spirituellen Heilungsfähigkeit der Hexenkunst bezichtigt worden sind. Sie wurden verfolgt, und Ihr Tod war traumatisch.

Wenn also die Anwerber Sie bitten, auf die Erde zurückzukehren, sind Sie nicht begeistert von dieser Vorstellung. Sie fragen, ob Sie den Menschen auf der Erde nicht einfach Gebete und Führung von Ihrem himmlischen Aussichtspunkt schicken können.

Die Anwerber beugen seufzend ihre Köpfe und sie erklären Ihnen, dass Menschen häufig nicht auf ihre Führer oder Engel hören. Sie sagen, dass Erdenengel in menschlichen Körpern benötigt werden, weil Menschen nur auf andere Menschen hören.

Die Anwerber zeigen Ihnen, wie Sie davon profitieren können, sich auf der Erde zu inkarnieren. Denn schließlich gibt die Erde Ihnen die Gelegenheit, zu lernen, zu wachsen und jegliche Ängste zu heilen, die Sie früher kannten. Auf dieser Ebene haben Sie die Möglichkeit für tiefe Gefühle, sowohl physisch als auch emotional. Darüber hinaus erfahren Sie Dualität, Dunkelheit und Licht.

Und schließlich erklären die Anwerber, dass sie Sie auf der Erde *brauchen*. Sie werden gebraucht, um Menschen zu führen, die nicht so bewusst und erfahren sind wie Sie.

Also stimmen Sie zögernd zu, in menschlicher Form auf die Erde zurückzukehren. Mithilfe Ihrer Führer und der Anwerber wird vorher jeder Aspekt Ihres Lebens umrissen.

Natürlich haben Sie einen freien Willen und können alle Entscheidungen selbst treffen, doch haben die Führer einen großen Einfluss, indem sie Ihnen dringend ans Herz legen, Ihr Karma mit bestimmten Personen auf der Erde auszugleichen. Also erklären Sie sich einverstanden, diese Personen als Ihre Eltern, Freunde und Partner willkommen zu heißen. Sie sind bereits in anderen Lebenszeiten mit diesen Seelen zusammen gewesen. Und es ist von wesentlicher Bedeutung, dass Sie jegliche Unversöhnlichkeit, Angst oder Wut klären, die Sie vielleicht gegen diese Menschen hegen.

Zudem ist es für Ihr spirituelles Wachstum notwendig, die volle Verantwortung für alles zu übernehmen, was Sie sehen, fühlen und denken.

Das ursprüngliche Trauma

Als Sie auf die Welt kamen, haben Sie als Baby nach der bedingungslosen Liebe gesucht, die Sie aus dem Himmel kannten. Ihre Eltern liebten Sie, doch so wie bei allen irdischen Menschen sind auch ihre Herzen teilweise verschlossen. Wie alle Eltern haben auch Ihre Eltern Ängste, die sie von der allumfassenden Erfahrung von Liebe abhalten.

Also ziehen Sie sich umgehend innerlich zurück wie ein Süchtiger, der von heute auf morgen keine Drogen mehr nimmt. *Wo ist die Liebe? Wo ist die Liebe?*, lautet Ihr panischer Schrei, während Sie verzweifelt dieses köstliche Gefühl himmlischer Ekstase und Freude suchen. Ihre Eltern tun ihr Bestes, um Sie glücklich zu machen, doch unbewusst wissen Sie, dass etwas fehlt.

Von nun an suchen Sie Ihr Leben lang nach diesem Gefühl bedingungsloser Liebe. Sie begegnen jemandem, verlieben sich und denken: *Er/sie ist es!* Sie glauben, dass jede neue Person die Quelle der Liebe ist, die Sie verzweifelt suchen.

Tief in Ihrer Seele erinnern Sie sich an das köstliche Gefühl, das Sie im Himmel kannten. Dort fühlten Sie sich völlig akzeptiert, so wie Sie waren. Sie fühlten sich unbeschwert, optimistisch, sorglos, absolut geliebt und von Liebe erfüllt.

Doch vor allem fühlten Sie sich in Sicherheit. Im Himmel gab es weder Stress noch Mühe oder Gefahr. Jeder war vertrauenswürdig, und niemand wollte etwas von Ihnen, außer dass Sie glücklich sind.

Hört sich das nicht himmlisch an?

Also verbringen Sie ein ganzes Leben damit, dieses Gefühl der Anerkennung und Sicherheit, des Friedens und der Liebe zu finden. Vielleicht erleben Sie dieses Gefühl vorübergehend in Beziehungen, durch Essen, Alkohol oder Drogen. Manche Menschen empfinden diese Ekstase, wenn Sie sich in der freien Natur aufhalten, Fitness betreiben, Sex haben, einkaufen oder sich kreativ betätigen. Für die meisten Menschen ist es ein eher flüchtiges Gefühl.

Es ist wichtig zu wissen, dass wir nie bis ins letzte Detail die hohen Vibrationen des Himmels in unserer irdischen Welt wiederholen können. Wir können ihnen sehr nahe kommen und Momente erleben, in denen wir eins sind mit der Liebe. Doch ist es unrealistisch zu denken, dass wir diesen Zustand ständig aufrechterhalten können.

Das Beste, was Sie tun können, ist, das Tor zum Himmel in Ihrem Herzen offen zu halten. Das erlaubt Ihnen, jeden Tag ein kontinuierliches warmes Gefühl der Liebe zu erleben, egal, was in Ihrem Leben oder der Welt gerade passiert.

In einer Meditation hörte und fühlte ich eines Tages die Gegenwart von Erzengel Michael. Er erklärte mir, wie wichtig es sei, das Leben zu genießen, egal, was geschieht. Er sagte, dass wir zu oft unser Glück in der Zukunft suchen. Wir glauben, dass Glück bestimmte Bedingungen voraussetzt, basierend auf bestimmten Errungenschaften, zum Beispiel, indem man genug Geld verdient, Auszeichnungen oder Anerkennung erhält, abnimmt, heiratet, ein neues Haus kauft, ein Buch veröffentlicht oder irgendeine andere Leistung erbringt. Während solche Erfahrungen sehr aufregend und erfüllend sein können, entsprechen sie dennoch nicht dem allumfassenden Gefühl der Sicherheit und Anerkennung, das wir im Himmel empfinden.

Sie kommen diesen himmlischen Gefühlen nahe, wenn Sie in Ihrem Leben ein Gleichgewicht zwischen Geben und Nehmen herstellen. Wenn Sie ausschließlich *geben*, schließen Sie sich von dem Gefühl aus, auch selbst Anspruch auf Liebe zu haben. Daher ist es erforderlich, dass Sie sich einerseits darauf fokussieren, aus ganzer Seele für andere da zu sein, aber sich selbst dabei nicht zu vergessen.

Reines Geben

Die einzige Form des Gebens, die zu spirituellem Wachstum und wahrem Frieden führt, besteht darin zu geben, wenn Sie sich dazu angeleitet fühlen. Wenn Sie geben, weil Sie sich schuldig fühlen oder weil Ihnen jemand leidtut, oder wenn es aus einem Gefühl der Verpflichtung heraus geschieht, beruht dieses Geben auf Angst. Was bedeutet, dass Sie von Ihrem geringeren Selbst aus agieren und das Geschenk – egal, ob es Zeit, Geld, Hilfe, Rat, Unterstützung oder Liebe ist – mit den niederen Frequenzen dieser Gefühle von Schuld, Angst oder Verpflichtung verunreinigt wäre.

Als Erdenengel sind wir hier, um zu geben, zu helfen und zu heilen.

Und der *Grund, warum wir geben*, ist der Unterschied zwischen einem Leben voller Freude für uns selbst und andere … oder wie ein Opfer und Märtyrer in Not und Elend zu leben:

- Wenn Sie geben, weil Sie hoffen, für alles, was Sie tun, geschätzt und geliebt zu werden, werden Sie ständig enttäuscht sein, dass Sie nicht so viel zurückbekommen, wie Sie gegeben haben. Darüber hinaus spüren Sie instinktiv, dass andere Sie für das lieben, was Sie für sie tun, anstatt Sie einfach zu lieben, so wie Sie sind.

- Wenn Sie geben, um zu verhindern, dass jemand wütend auf Sie ist, werden Sie immer ein ängstliches Gefühl haben, so als würden Sie auf Eiern gehen für den Fall, dass der Betreffende trotz Ihrer Bemühungen beschließt, weiterhin wütend auf Sie zu sein.

❀ Wenn Sie geben in der Hoffnung, dass der andere Ihnen seinerseits helfen wird, werden Sie sich immer schuldig fühlen, weil Sie wissen, dass Sie Hintergedanken hatten und Ihre Intentionen »unrein« waren. Außerdem werden Sie verletzt sein, wenn der andere nichts zurückgibt.

Geben Sie nur, wenn Sie es wirklich aus ganzem Herzen tun wollen. Dann werden Sie ein Gefühl himmlischer Ekstase erleben. In diesem Zusammenhang möchte ich hier eine gute Regel vorstellen, nach der man sein Leben ausrichten sollte:

Tue nie etwas, wenn du es nicht willst.
Entweder tue nichts, oder meditiere und bete,
bis deine Geisteshaltung sich ändert und du
glücklich und bereit bist, es zu tun.

2

Wie man lernt, sich zu behaupten

Als friedliebender, netter Mensch haben Sie vielleicht gelernt, Konflikte um jeden Preis zu vermeiden. Sie akzeptieren einfach die negative Idee eines anderen, anstatt sich ihm oder ihr zu widersetzen und eine Auseinandersetzung zu riskieren. Diese Lebensweise gibt Ihnen ein Gefühl der Kontrolle über Ihr Leben, denn *tief in Ihrem Inneren* wissen Sie, dass Sie nicht wirklich mit dem Betreffenden übereinstimmen. Es ist, als würden Sie zwei Leben führen: eines an der Oberfläche mit Ihrem Verhalten gegenüber anderen; und das andere darunter mit Ihren wahren Gefühlen und Meinungen.

In manchen Fällen haben Erdenengel sich so sehr selbst betäubt in dem Versuch, mit anderen zu kooperieren, dass sie sich komplett von ihrer eigenen Meinung abgeschnitten haben. Sie wissen nicht mehr, wie sie wirklich fühlen oder was sie über die Dinge denken, weil sie so daran gewöhnt sind, dass man ihnen sagt, was sie tun, fühlen und denken sollen. Manchmal besteht der Grund tragischerweise darin, dass sie misshandelt werden und um ihre physische Sicherheit fürchten, also fügen sie sich den Wünschen der Täter, um zu überleben.

Wieder andere Erdenengel haben panische Angst vor Konflikten, weil sie schüchtern sind und keine Aufmerksamkeit auf sich ziehen wollen. Lieber bleiben sie unsichtbar, was bedeutet, dass sie so gut wie nie ihre Ansichten verteidigen. Und wenn sie es dann *doch* einmal tun, hört oder beachtet sie niemand.

Das Problem solcher Verhaltensweisen ist, dass Sie dabei andere Menschen nicht wissen lassen, wie Sie fühlen und die anderen dann fälschlich davon ausgehen, dass alles in Ordnung ist. *Die Menschen wissen nicht, wie Sie wirklich fühlen oder denken, wenn Sie es ihnen nicht sagen.*

Darüber hinaus bedeutet Selbstbehauptung, dass Sie nicht nur mit sich selbst, sondern auch mit anderen klar, ehrlich und direkt sind. Hinweise darauf zu geben, wie Sie sich fühlen und zu hoffen, dass Ihr Gegenüber die Andeutung versteht, funktioniert nie. Vielmehr garantiert es, dass Sie sich immer ignoriert und missverstanden fühlen werden. Anstatt Andeutungen zu machen, müssen Sie Ihre Gefühle klar kommunizieren.

Vielleicht fürchten Sie, dass Menschen sich von Ihnen abwenden, wenn Sie ehrlich sind. Doch die Wahrheit ist, dass *Sie* der- oder diejenige sein werden, die geht, wenn Sie nicht den Mut zur Ehrlichkeit aufbringen. Wenn Sie dem anderen nicht sagen, wie Sie wirklich fühlen, wird die Beziehung aus dem Gleichgewicht geraten, was verderblich ist, und Sie – als hochsensitiver Mensch – werden sie nicht weiterführen wollen.

Zudem kann die panische Angst vor Konflikten Sie daran hindern, die sehr wichtige Mission zu erfüllen, die zu erfüllen Sie auf die Welt gekommen sind! Um Ihre Lichtarbeit tun zu können, müssen Sie Ihre Macht wecken und sich zu eigen machen!

Falls sich dieser Gedanke angsteinflößend oder gefährlich anhört, lesen Sie bitte trotzdem weiter. Die Angst basiert auf Ihrem Ego und Erfahrungen aus der Vergangenheit. Zum Glück beruht sie nicht auf Realität im Hinblick auf Ihre Zukunft und Ihre göttliche Aufgabe.

Vergessen Sie nicht, dass Sie und ich nicht in physischer Form hier sein müssten, wenn auf der Erde alles perfekt wäre. Wir könnten einfach weiterhin im Himmel sein und für jeden beten. Doch Menschen hören ihre Engel nur selten, und wenn sie es tun, plagen sie sich mit Selbstzweifeln. Also wurden wir auf die Erde gesandt, das Wort zu ergreifen und aktiv zu werden, um Gottes Willen für Frieden in die Tat umzusetzen. Passivität ist nicht Teil unserer Jobbeschreibung.

Frieden ist unsere Mission. Und friedvoll zu sein ist etwas völlig anderes, als passiv zu sein.

Das Superwoman-/Superman-Syndrom der Erdenengel

Als Erdenengel verfügen Sie über gewisse »Superkräfte«.

Manche Erdenengel besitzen zum Beispiel eine Superkraft der Unsichtbarkeit. Was bedeutet, dass sie an Plätzen oder in Situationen erscheinen und wieder verschwinden, ohne dass es jemandem auffällt. Der Nachteil einer Superkraft der Unsichtbarkeit besteht natürlich darin, dass sie oft von Kellnern und Kellnerinnen übersehen werden und sogar von Menschen, die ihnen nahestehen.

Was ist Ihre Superkraft?

Jeder Erdenengel hat etwas Erstaunliches, durch das er sich auszeichnet. Hier sind ein paar Beispiele der Superkräfte von Erdenengeln:

* Heilen
* Manifestieren
* Elektronische Geräte ruinieren* oder reparieren

    (*Wenn Sie jede Armbanduhr, Computer und Radio, in dessen Nähe Sie kommen, betriebsunfähig machen, dann ist es Ihre Lebensaufgabe, bestimmte zerstörerische Geräte wie beispielsweise Waffen oder alles, was Menschen, Tieren oder der Umwelt schadet, zu verhindern oder außer Kraft zu setzen.)

❀ Kommunikation mit Tieren
❀ Wundersame gärtnerische Fähigkeiten
❀ Instinktiv zu wissen, ob jemand ehrlich ist
❀ Die Zukunft voraussehen

Es gibt noch viele weitere Superkräfte. Nehmen Sie sich Zeit, und finden Sie heraus, welche Ihre ist. Beobachten Sie sich selbst im Umgang mit anderen oder in der freien Natur, und achten Sie auf alles, was Ihnen wunderbar leichtfällt und Freude macht. Das ist Ihre Superkraft!

Diese individuelle Superkraft ist eine Fähigkeit, die Sie aus dem Himmel mitgebracht haben, um Ihre Lebensaufgabe in der Welt erfüllen zu können. Wenn Sie zum Beispiel klar die Stimmen von Tieren hören können, die miteinander reden, dann ist die Kommunikation mit Tieren Teil Ihrer Mission auf der Erde. Wenn Sie in der Lage sind, das Wetter vorauszusagen oder zu beeinflussen, gehört es zu Ihrer Aufgabe, Menschen vor verheerenden Stürmen und Naturkatastrophen zu bewahren.

Das Superman-Cape ablegen

Selbst Superhelden brauchen einen freien Tag! Als Erdenengel verfügen wir über außerordentliche emotionale und physische Kräfte. In Beziehungen sind wir daran gewöhnt, die Helfenden zu sein und jeden retten zu wollen.

Doch manchmal können unsere Superkräfte uns durchaus Probleme bereiten.

Zum Beispiel, indem wir jeder Bitte um Hilfe nachkommen, ohne zuerst darüber nachzudenken, welche Auswirkungen diese neue Verpflichtung auf unseren ohnehin schon vollen Terminkalender haben wird.

Auch wenn Sie breite Schultern und ein großes Herz haben, gehört es zu Ihrem Selbstbehauptungs-Training, Nein zu sagen, vor allem zu unangemessenen Forderungen, für die Sie eigentlich keine Zeit haben.

Schließlich ist *Zeit* Ihre wichtigste Ressource, wenn es darum geht, Ihre Lebensaufgabe in die Tat umzusetzen. Wenn Sie zum Beispiel dazu bestimmt sind, eine Privatpraxis als Heiler oder Heilerin einzurichten und die Absicht haben, dies auch zu realisieren, müssen Sie viele Stunden Ihren Klienten widmen. Das bedeutet konkret, dass jede Stunde einer Tätigkeit, die Sie nur aus Schuldgefühlen oder einem Gefühl der Verpflichtung verrichten, oder weil Sie dazu gezwungen wurden, von der Zeit abgezogen wird, die Sie mit Ihren Klienten verbringen können. Diese sinnlos vergeudete Zeit könnte besser dazu benutzt werden, jemanden zu heilen – oder sogar das Leben des oder der Betreffenden zu retten.

Wenn Sie also für sich selbst abgeneigt sind, Bitten um zeit- und energieraubende Aktivitäten abzuschlagen, dann tun Sie es wenigstens für Ihre Klienten!

Wie Sie für sich selbst einstehen können

Jedes Lebewesen verteidigt sich, wenn es mit Gefahren in irgendeiner Form konfrontiert ist. Dies ist ein in jedem physischen Wesen fest verankertes Programm, um sein Überleben zu garantieren. Daher ist es in Ordnung, sich einzugestehen, dass auch *Sie* einen Verteidigungsmechanismus besitzen.

Das macht Sie in keiner Weise weniger spirituell oder weniger engelsgleich. Rufen Sie sich noch einmal Engel wie den Erzengel Michael ins Gedächtnis, mit seinem Schwert und seiner Rüstung, die beides Zeichen dafür sind, dass selbst der friedlichste Engel manchmal in den Kampf ziehen muss. Und in jeder Frau gibt es ein weibliches Gegenstück zu Erzengel Michaels Archetyp. Geschichten über starke Kriegerfrauen wie Johanna von Orleans oder die Sufragetten (Frauen, die um die Jahrhundertwende in England um das Stimmrecht kämpften) sind ein Beweis dafür.

Wenn jemand etwas sagt oder tut, das eine Reaktion in Ihnen hervorruft, ist es sehr wichtig, dass Sie sich Ihre Gedanken oder Gefühle eingestehen. Vielleicht merken Sie, wie Ihre Bauchmuskeln sich zusammenziehen, oder wie Sie plötzlich in Schweiß ausbrechen; oder es wird Ihnen ganz heiß vor Ärger, Wut oder sogar Peinlichkeit.

Wenn irgend möglich, verlassen Sie die Situation, selbst wenn Sie als Entschuldigung den Gang zur Toilette vorgeben müssen. Dieser Moment der Distanz hilft Ihnen, sich zu beruhigen und neu zu sammeln. Ansonsten werden Sie vielleicht impulsiv reagieren und Dinge sagen, die Sie später bereuen. Führen Sie in diesen Momenten des Rückzugs ein ehrliches Gespräch mit sich selbst. Zunächst einmal stellen Sie fest, wie Sie sich physisch fühlen. Rast Ihr Herz, ist Ihr Atem flach, oder sind Ihre Gedanken explosiv? Jede dieser Reaktionen kann darauf hindeuten, dass Ihr Gegenüber Angst in Ihrem Inneren ausgelöst hat.

Diese Angstreaktion wird auch *Kampf- oder Fluchtreaktion* genannt. Sie ist eine instinktive Reaktion auf Gefahr. Wenn Gefahr droht, treiben Ihre Instinkte Sie an, entweder zu kämpfen oder zu fliehen.

Während Sie alleine sind und meditieren, ist es eine gute Idee, um Führung, Hilfe und Frieden zu bitten. Sie wollen ehrlich mit sich selbst und anderen sein, doch die Situation nicht über Gebühr dramatisieren. Und ebenso wenig möchten Sie negative oder feindselige Gefühle hervorrufen.

Wann immer wir Konflikte vermeiden, indem wir unsere Gefühle nicht zeigen, erweisen wir uns selbst und anderen einen schlechten Dienst. Diese Art des Vermeidens ist eine Form der Unehrlichkeit und Manipulation. Wir versuchen, die Reaktionen der anderen Person zu kontrollieren, indem wir kontrollieren, was wir ihr sagen.

Sie verhalten sich zum Beispiel kontrollierend, wenn jemand Sie fragt, ob Sie wütend sind, und Sie dies verneinen, obwohl Sie es in Wahrheit sind. Sie versuchen, ihn oder sie davon abzuhalten, wütend auf Sie zu sein oder einen Streit mit Ihnen anzufangen. Oder Sie halten Ihre Gefühle zurück, um die andere Person nicht merken zu lassen, dass Sie verletzt sind.

Das bedeutet allerdings nicht, dass Sie in das gegenteilige Extrem verfallen und die andere Person brutal mit der nackten Wahrheit überrollen müssen. Es gibt eine dazwischenliegende Möglichkeit, mit Konflikten umzugehen, die genau richtig und sehr gesund und ehrlich ist. Nachdem Sie sich gesammelt und Ihre Gedanken geordnet haben, gehen Sie zurück zu dem oder der Betreffenden und sagen Sie diesen magischen Satz: »Ich würde gerne einige Dinge mit dir/Ihnen klären.«

Dieser harmlose Satz sorgt dafür, dass der Kommunikationskanal offen bleibt, da der andere sich nicht angeklagt fühlt. Machen Sie den Anfang, indem Sie einen tiefen Atemzug nehmen und innerlich um Kraft und einen klaren Geist beten. Selbst wenn Ihr Herz wie wild schlägt und Sie vielleicht vor Aufregung schwitzen, machen Sie sich bewusst, dass wir alle uns jedes Mal, wenn wir etwas zum ersten Mal tun, eingeschüchtert oder ängstlich fühlen. Doch mit jedem Mal wird diese neue Verhaltensweise leichter und natürlicher.

Schauen Sie Ihrem Gegenüber in die Augen. Sprechen Sie aus dem Herzen, und sagen Sie ihm oder ihr ohne den Versuch, sich zu rechtfertigen: »Mir ist unsere Beziehung sehr wichtig, also muss ich meine Gefühle zum Ausdruck bringen, damit wir sie für uns beide klären können.«

Nun kann es sein, dass die andere Person sich von diesen Worten bedroht fühlt und sofort in die Defensive geht oder einen Streit vom Zaun bricht. Lassen Sie sich davon nicht irritieren, es sei denn, der andere wird verbal oder körperlich aggressiv. (Versuchen Sie nicht, mit einem Menschen in diesem Zustand zu verhandeln, vor allem wenn er oder sie unter Alkohol- oder Drogeneinfluss steht. Wenn es zu einem tätlichen Angriff oder Misshandlungen in irgendeiner Form kommt, entfernen Sie sich umgehend aus der Situation und suchen entsprechende Hilfe oder Schutz.)

In den meisten Situationen wird der andere jedoch offen dafür sein, Sie anzuhören. Während Ihrer Diskussion ist es von größter Bedeutung, dass Sie *Ihre eigenen* Gefühle zeigen. Das bedeutet: Benutzen Sie keine anklagenden oder vorwurfsvollen Worte. Selbst wenn Sie dem anderen *tatsächlich* die Schuld geben, werden entsprechende Äußerungen jede weitere Kommunikation unmöglich machen.

Stattdessen benutzen Sie Worte wie: *Ich fühle, Ich fühlte* und *Mir scheint …* Auf diese Weise bedrängen Sie die andere Person nicht mit anklagenden Sätzen und vermeiden es, ihren Verteidigungsmechanismus ungewollt zu provozieren.

Tun Sie Ihr Bestes, um cool zu bleiben, während Sie über Ihre wahren Gefühle sprechen. Wenn Ihnen die Tränen kommen, stehen Sie dazu.

Das Gleiche gilt für Wut: Erlauben Sie sich, authentisch zu sein, doch lassen Sie sich von dieser Emotion nicht mitreißen, indem Sie schreien oder Kraftausdrücke benutzen. Außerdem machen Sie sich selbst bitte in keiner Weise schlecht.

Schmälern, verachten oder entschuldigen Sie sich nicht für Ihre Gefühle ... *niemals*! Vergessen Sie nicht: Sie haben ein Recht auf Ihre Gefühle, selbst wenn andere Menschen Sie nicht verstehen oder nicht einverstanden damit sind! Ihre Gefühle sind Signale tiefer Wahrheiten in Ihrem Inneren. Sie sind die Sprache Ihrer Seele, und es ist unbedingt notwendig, dass Sie darauf hören.

Nachdem Sie über Ihre Gefühle gesprochen haben, erlauben Sie Ihrem Gegenüber, seine oder ihre eigenen Gefühle zu erklären. Jede Geschichte hat zwei Seiten. Achten Sie jedoch beim Zuhören auf Ihre Bauchgefühle. Wenn Sie das ungute Gefühl haben, dass der oder die andere ihre wahren Absichten zu verwischen sucht oder unehrlich mit Ihnen ist, dann achten Sie darauf – denn er oder sie ist es vielleicht *tatsächlich*.

Während Ihre Selbstbehauptung stärker wird, werden Sie bald den Mut haben, einem Menschen, der Sie anlügt, zu sagen: »Ich glaube nicht, was du mir sagst/Sie mir sagen«, oder etwas Entsprechendes. Doch für den Moment nehmen Sie einfach wahr, dass Sie das Gefühl haben, der andere ist unehrlich, manipulativ oder defensiv. In diesem Fall ist derjenige nicht die Art von Mensch, mit dem Sie Zeit verbringen wollen. Dies sind toxische, negative Verhaltensmuster, die sich in allen Beziehungen des Betreffenden zeigen.

Wenn der andere anfängt, in die Defensive zu gehen oder Ihnen Vorwürfe zu machen, wird das Gespräch schnell in einer Sackgasse landen. Vorwürfe oder Schuldzuweisungen sind ein Schlüsselfaktor der Ängste des Egos, das fürchtet, entblößt zu werden. Solange einer von Ihnen oder Sie beide dem anderen Vorwürfe machen, wird keine Lösung gefunden.

Toxische Beziehungen werden Sie ohne Ausnahme jedes Mal herunterziehen. Es ist nicht nötig, eine solche Beziehung fortzuführen, wenn *so viele* potenzielle Freunde und Partner zur Verfügung stehen. Glauben Sie nie, dass Sie sich mit einer ungesunden Beziehung zufriedengeben müssen. Sie müssen es nicht!

Grenzen setzen

Eine Grenze ist Ihr Limit, das niemand überschreiten oder missachten darf. Es spielt dabei keine Rolle, wer die andere Person ist oder wie sehr Sie ihn oder sie lieben: Ihre Grenze ist etwas, dass er oder sie nicht durchbrechen darf.

Zum Beispiel habe ich persönlich in meinen sämtlichen Beziehungen Grenzen, die vorschreiben, dass man mich mit Respekt behandeln muss. Dies ist eine nicht-verhandelbare Grenze für mich, und falls jemand sie verletzt und sich mir gegenüber despektierlich verhält, werde ich versuchen, die Energie zu klären, indem ich über meine Gefühle und Grenzen spreche und mir dann anhören, was der andere sagt. Falls er oder sie es weiterhin an Respekt missen lässt, ist die Beziehung beendet, ohne dass ich mir Vorwürfe machen muss. Ich liebe den oder die Betreffende nach wie vor, doch aufgrund seines oder ihres Verhaltens, mit dem er oder sie meine festen Grenzen missachtet, kann ich mit dieser Person nicht länger in Kontakt bleiben.

Grenzen sind ein notwendiger Teil der Selbstfürsorge, genauso wie Sie Ihre Haare waschen oder Schuhe anziehen, um Ihre Füße zu schützen. Diese Grenzen sind gesund, normal und notwendig.

In jeder Beziehung tauchen irgendwann Probleme über die persönlichen Grenzen der Beteiligten auf, die verhandelt werden müssen. Es spielt also keine Rolle, *ob* Sie einen Konflikt haben, sondern wichtig für eine langfristige Beziehung ist, *wie Sie mit diesem Konflikt umgehen.*

Zu einer persönlichen Grenze gehört:

❀ ... wie viel physischen Raum und Distanz Sie brauchen
❀ ... wie viel Zeit alleine Sie brauchen
❀ ... wie viel Zuneigung und Romantik Sie brauchen
❀ ... wie viel zärtliche Worte Sie hören müssen
❀ ... wie wichtig es für Sie ist, dass Ihre persönlichen Gegenstände von anderen nicht angerührt oder benutzt werden
❀ ... wie wichtig für Sie Ehrlichkeit, Zuverlässigkeit und Nüchternheit in einer Beziehung sind
❀ ... wie wichtig Ihnen finanzielles Gleichgewicht und Fairness sind
❀ ... etc.

Um ein selbstbewusster, durchsetzungsfähiger Erdenengel zu sein, müssen Sie lernen, die Kraft und den Mut zu entwickeln, auf Einhaltung Ihrer Grenzen zu bestehen. Es kann anstrengend werden, wenn es sich so anfühlt, als würden andere ständig versuchen, diese Grenzen zu überschreiten. Das kann so strapaziös werden, dass Sie sich zu fragen beginnen, *ob diese Grenzen wirklich wichtig sind.* Oh ja, das sind sie!

Ihr inneres Selbst verlässt sich darauf, dass Ihr äußeres Selbst die Fürsorge übernimmt. Man könnte sagen, dass Ihr inneres Selbst wie ein kleines Kind ist, dessen Wohlergehen Ihnen am Herzen liegt. Was bedeutet, dass wenn es müde ist oder das Bedürfnis hat zu spielen – Ihr äußeres Selbst diese Notwendigkeit ehren und Sie Ihr inneres Kind nicht überstrapazieren sollten.

Und selbst wenn die andere Person enttäuscht oder sogar wütend sein sollte, wenn Sie Nein sagen, glauben Sie mir, wenn ich Ihnen sage, dass der oder die Betreffende Sie *in Wahrheit* versteht. Vergessen Sie nicht, dass Ihr Gegenüber auch ein Mensch ist und weiß, wie sich Grenzen anfühlen und wie wichtig sie sind. Selbst wenn Ihre Weigerung zunächst eine Enttäuschung bedeutet, tief im Inneren wird der oder die andere Sie dafür respektieren.

Wenn Sie Nein sagen, sind Sie mit Ihrem gesunden Verhalten ein Vorbild für andere. Einer der Gründe, warum andere vielleicht wütend auf Sie reagieren, besteht darin, dass es Ihnen selbst bisher nie eingefallen ist, Nein zu unvernünftigen Forderungen in Bezug auf Ihre *eigene Zeit* zu sagen!

Wenn Sie also etwas tun, das andere nie vorher bei Ihnen gesehen haben – wie indem sie zum Beispiel »Nein« sagen –, werden Sie vielleicht überrascht sein. Vielleicht nehmen sie Ihre Weigerung persönlich, und es ist okay, wenn Sie den anderen kurz erklären, dass es nichts Persönliches ist, sondern damit zu tun hat, dass Sie keine Zeit haben.

Sie müssen sich jedoch nicht gezwungen fühlen zu erklären, warum Sie Nein sagen. Je mehr Sie Ihre Gründe erklären, desto mehr Druckmittel hat Ihr Gegenüber, was er oder sie dazu benutzen kann, Sie zu manipulieren, Ihr *Nein* in ein *Ja* umzuwandeln.

Grenzen setzen bedeutet, anderen Menschen zu zeigen, was Sie in einer Beziehung akzeptieren werden und was nicht. Beziehungen können sehr arbeitsintensiv sein, doch das ist nötig, um eine gesunde Beziehung mit sich selbst und anderen aufzubauen.

Respektieren Sie Ihr Recht, Ihre eigene Zeit so einzuteilen, wie es Ihnen gefällt. Sie haben zum Beispiel das Recht, weder das Telefonat anzunehmen noch die Tür zu öffnen, wenn es läutet, und ebenso wenig müssen Sie sich verpflichtet fühlen,

E-Mails oder Social-Media-Anfragen umgehend zu beantworten. Wenn jemand Sie bittet, alles liegen und stehen zu lassen und ihn oder sie irgendwohin zu fahren, haben Sie das Recht, Nein zu sagen. Wie es so schön heißt: »Schlechtes Planen deinerseits stellt keine Notsituation meinerseits dar.« Wir müssen impulsive Rettungstendenzen überwinden, es sei denn, es handelt sich um eine tatsächliche Notsituation und wir fühlen uns innerlich angeleitet, zu helfen.

Der Quell allen Lebens ist die einzige Quelle

Viele Menschen benutzen Vorwürfe und Schuldzuweisungen, um andere zu manipulieren und ihren Willen durchzusetzen. Dazu gehören auch Schmeicheleien, die mit Vorwürfen gemischt sind. Zum Beispiel sagen sie: »Nur *du* kannst mit helfen; und falls du mir nicht hilfst, wird das schlimme Konsequenzen für mich haben.«

Als sensitiver Erdenengel möchten Sie nicht, dass jemand leidet, also lassen Sie sich von den Worten des anderen manipulieren und kontrollieren. Was dazu führt, dass Sie sich schwach und ausgenutzt fühlen und sich höllisch ärgern. Hinzu kommt das Gefühl der Frustration, weil Sie Ihr Versprechen gebrochen haben, gut auf sich selbst aufzupassen … und schon sind Ihr Geist, Ihre Emotionen und Ihr Körper mit negativen Energien vergiftet.

Es ist sehr wichtig, sich in Erinnerung zu rufen, dass jeder Mensch aus der gleichen Quelle stammt: *Gott*. Menschen, die mit Ihren Emotionen spielen, um ihren Willen durchzusetzen, sind genauso Geschöpfe Gottes wie Sie selbst und jeder andere. Weder sind Sie ihr Gott, noch sind Sie ihre Quelle. Daher erlauben Sie der Quelle Gott, sich um das Wohl jedes Menschen zu kümmern. Beten Sie um Führung im Hinblick darauf, wie Sie anderen wirklich helfen können, innerlich stark und unabhängig zu werden und für sich selbst zu sorgen.

Natürlich wird es Momente geben, wo Sie als Erdenengel in Aktion treten und mit Ihren Bemühungen als »langer Arm« der Hilfe Gottes fungieren. Doch solche Momente sind unweigerlich auf Liebe und nicht auf Schuldgefühle zurückzuführen.

Wenn Sie etwas aus einem Schuldgefühl heraus geben, ist dies kein wahres Geben, wie wir im vorausgegangenen Kapitel schon erläutert haben. Ein solches Geschenk ist durch toxische Energien verunreinigt.

Gesunde Grenzen

Grenzen sind eine Form der Selbstfürsorge. Wenn Sie Ihre Grenzen aufrechterhalten – was bedeutet, dass Sie anderen Menschen nicht erlauben, Sie zu manipulieren, zu kontrollieren oder Ihnen Schuldgefühle zu verursachen –, applaudiert und dankt Ihnen Ihre Seele.

Ihre Selbstachtung und Ihr Selbstvertrauen wachsen, wann immer Sie erfolgreich Ihre Ansichten vertreten.

Wenn ich sage »Ihre Ansichten vertreten«, meine ich damit nicht, dass Sie aggressiv Urteile über andere fällen sollen. Erinnern Sie sich, dass Selbstbehauptung die Rechte jedes Menschen respektiert, Ihre und die anderer Personen, die an der Situation beteiligt sind. Wenn Sie Ihre Grenzen beibehalten und mit Anstand, Liebe und Bestimmtheit *Nein* sagen, zeigen Sie damit, wie man mit Grenzen umgeht.

Sie sind nicht Ihre eigene Quelle – Gott ist es! Wenn Sie sich selbst zur Quelle der anderen machen, wie können Sie dann jemals lernen, sich selbst zu helfen und innerlich zu wachsen?

Bei meinen ersten Engelseminaren nahm ich mir jedes Mal die Zeit, mit jedem einzelnen Teilnehmer unter vier Augen zu sprechen. Während dieser individuellen Sitzungen stimmte ich mich auf die Engel des Betreffenden ein und beantwortete alle Fragen, die derjenige hatte. Und anschließend ging ich nach Hause und war für die nächsten zwei oder drei Tage krank und erschöpft. Ich hatte erlaubt, mich erschöpfen zu lassen, weil ich dachte, dass nur ich all diesen Menschen helfen konnte.

Irgendwann erkannte ich, dass ich weder mir noch ihnen einen Gefallen tat, indem ich stets verfügbar war. Mir wurde klar, dass es wichtig für mich war, meinen Schülern – von denen sich viele zu spirituellen Lehrern ausbilden ließen – gute, gesunde Grenzen vorzuleben. Ich musste jedem Teilnehmer zeigen, wie er oder sie Zugang zu göttlicher Führung und Antworten für sich selbst finden konnte, anstatt mich oder eine andere Person dafür zu benötigen.

Von diesem Zeitpunkt an achtete ich darauf, wie meine Schüler und Leser ohne fremde Hilfe klare Engelbotschaften vernehmen könnten. Außerdem legte ich Pausen im Zeitplan meiner Seminare fest, in denen niemandem gestattet war, mir irgendwelche Fragen zu stellen. Wenn dennoch jemand mit einer Frage zu mir kam, sagte ich: »Andere möchten vielleicht auch gerne die Antwort auf diese Frage hören, also wollen wir darüber sprechen, wenn wir alle wieder im Raum sind.« Darüber hinaus sagte ich den Teilnehmern, dass ich genau wie sie in einem menschlichen Körper war, der sich ausruhen und neue Kräfte tanken musste.

Ich wusste, dass diese Pausen dafür sorgten, dass ich eine höhere Energie hatte und effektiver lehren konnte. Zudem war ich glücklicher, eine sehr wichtige Qualität für jeden Lehrer. Ich habe meinen Schülern seit jeher gesagt, dass es segensreich ist, viele verschiedene Kurse zu belegen, so lange der Lehrer oder die Lehrerin ein glücklicher Mensch ist. Ein froher Lehrer lehrt andere Menschen, glücklich zu sein, sowohl unmittelbar als auch als Vorbild eines Menschen, der sich seines Lebens (und seiner Aufgabe) freut. Und Fröhlichkeit ist das Wichtigste, was jemand lehren kann!

Nicht genug damit: Wenn Sie als Elternteil starke und gesunde Grenzen ziehen, lehren Sie Ihre Kinder, das Gleiche zu tun. Möchten Sie nicht auch, dass Ihre Kinder heranwachsen und lernen, sich selbst, ihre Zeit und ihre Energielevel zu respektieren? Natürlich möchten Sie das! Und genauso möchte Gott das für Sie und jeden anderen!

Affirmieren Sie so oft wie möglich: »Ich glaube, ich kann es; also kann ich es!«

Viele Menschen kommen zu mir und *verteidigen* ihre Einschränkungen. Sie sagen mir mit aller Bestimmtheit, warum sie nicht die positiven Schritte vornehmen können, zu denen ihre Engel sie auffordern. Sie implizieren, dass sie irgendwie außergewöhnlich sind und an ihren Träumen gehindert oder davon abgehalten werden, sie in die Tat umzusetzen. Allen anderen wird irgendwann die entsprechende Gelegenheit geboten, aber sie sehen sich selbst als Opfer ganz besonderer Art.

Wenn diese Menschen die Hälfte der Energie, die sie in Auseinandersetzungen darüber investieren, was sie *nicht* tun können, für das aufbringen würden, was sie *tatsächlich tun könnten*, dann wären sie schon auf dem besten Weg, ihren Traum zu leben!

53

Die Vorteile von Grenzen

Wenn Sie Ihre Grenzen ziehen und lernen, Nein zu sagen, haben Sie mehr Zeit für das, was Ihnen Freude macht und wichtig ist, anstatt mit schlechtem Gewissen hier und da ein wenig Zeit stehlen zu müssen, um jenen Artikel zu schreiben, an einem Kurs teilzunehmen, ein bestimmtes Buch zu lesen, ein Musikinstrument zu lernen, ein neues Geschäft zu starten, Ihre Heilungsfähigkeiten zu optimieren ... und so weiter.

Grenzen geben Ihnen einen gesünderen, fröhlicheren Geist und größere Energie, weil Sie nicht länger auf den Gedanken fixiert sind, von anderen ausgenutzt zu werden. Wenn Sie wütend oder verbittert sind, denken Sie zwanghaft über das verletzende Verhalten der anderen Person Ihnen gegenüber nach. Dieses Denkmuster kann, wenn es nicht aufgelöst wird, zu Depression, Nervosität, Suchtverhalten, Beziehungsproblemen, Einsamkeit, Angstzuständen und anderen toxischen Konsequenzen führen.

3

Kein Retter mehr sein:
Grenzen setzen ohne Angst oder Schuldgefühle

Erdenengel denken, dass es für jede Beziehung normal ist, den anderen retten zu wollen. Sie glauben, über unerschöpfliche Kraftreserven zu verfügen, was ihre Fähigkeiten präzise beschreibt, da sie gelernt haben, jederzeit die Ur-Quelle für Energie und Hilfsmittel anzuzapfen.

Erdenengel sind so empathisch, dass sie die Emotionen jedes Menschen fühlen können, vor allem die schmerzlichen. Tatsächlich haben Erdenengel Schwierigkeiten, ihre eigenen Gefühle von denen anderer Menschen zu unterscheiden.

Die Fähigkeit der Erdenengel, den Schmerz anderer fühlen zu können, gepaart mit ihrem Wunsch, jeden glücklich sehen zu wollen, macht sie zu geborenen Rettern.

Andere zu retten ist etwas Wunderbares, wenn Sie Feuerwehrmann sind oder Notarzt oder in Situationen, wo der oder die andere sich nicht selbst helfen kann. Doch wenn es darum geht, Personen zu retten, die sich alleine aus ihren Verstrickungen befreien könnten, beginnen die Schwierigkeiten für Erdenengel. Sobald er oder sie sich einmischt und jemanden rettet, der in der Lage ist, sich selbst zu retten, nennt man das *Ermächtigung*. Es bedeutet konkret, dass Sie jemandem die Gelegenheit nehmen, zu wachsen und zu lernen. Ein Beispiel wäre eine Mutter, die nach wie vor ihrem Sohn die Wäsche macht, sein Zimmer aufräumt und sein Bett bezieht, obwohl er bereits wunderbar in der Lage ist, all diese Dinge selbst zu erledigen. Außerdem würde er davon *profitieren*, indem er lernt, sich um seine

55

Umgebung zu kümmern. Oder denken Sie an Eltern, die die Hausaufgaben ihres Kindes erledigen, obwohl das Kind neue Fertigkeiten lernen würde, wenn es alleine, mit nur minimaler Aufsicht der Erwachsenen, an dem Projekt arbeiten würde.

Manche Erdenengel retten ihnen unbekannte Menschen. Sie lernen jemanden kennen, der ihnen leidtut, und bieten ihm oder ihr haarsträubende Hilfe an, zum Beispiel, indem sie jemandem, dem sie gerade erst begegnet sind, anbieten, mietfrei in ihrem Haus zu wohnen; oder einer Person, die sie kaum kennen, Geld leihen oder schenken; stundenlang übers Telefon Ratschläge geben; oder einen völlig Fremden zu irgendwelchen Terminen chauffieren. Retter glauben, dass es ihre Aufgabe ist, andere zu »reparieren«, und sind überzeugt davon, auf einzigartige Weise für diesen Job qualifiziert zu sein. Nur *sie* und kein anderer kann helfen! Dies gibt ihrem Leben einen Sinn und kann das egozentrische Gefühl verstärken, etwas »Besonderes« zu sein. Darüber hinaus erlaubt dieser Akt des Rettens ihnen, sich mehr auf die Probleme anderer Menschen zu fokussieren als auf ihre eigenen (indem es ihre Energie davon ablenkt, ihr eigenes Leben in Ordnung zu bringen.)

Professionelle Opfer, hütet euch vor »professionellen Opfern«. Erdenengel haben den Drang, Menschen zu retten, und sind daher voll und ganz im Einklang mit jenen, die sie ausnutzen und darauf bestehen, ständig gerettet zu werden. Auch wenn Sie wissen, dass jeder ein Kind Gottes ist, müssen Sie die Tatsache anerkennen, dass manche Menschen die Entscheidung treffen, getrennt von der Führung Gottes zu existieren. Sie nutzen andere Menschen aus, einschließlich so netter Exemplare wie Sie. Berufliche Opfer werden Ihnen das Gefühl geben, umschmeichelt und besonders zu sein, indem sie behaupten, dass Sie ihre einzige Hoffnung sind.

Diese »Opfer« haben Sie insbesondere deswegen ausgewählt, weil Gott ihnen gesagt hat, dass Sie alles für sie regeln würden. Also nehmen Sie einen tiefen Atemzug, erklären sich bereit zu helfen und denken, *Ich werde schon einen Weg finden, wie ich helfen kann, wenn ich erst einmal anfange,* weil Sie in dem Moment nicht die geringste Ahnung haben, was Sie tun können. Außerdem fragen Sie sich, wie Sie das Gleichgewicht in Ihrem eigenen Leben beibehalten können, während Sie die Herkulesaufgabe angehen, schon wieder einen Menschen zu retten.

Also tun Sie Ihr Bestes, um zu helfen, doch das professionelle Opfer lässt Sie wissen, dass Ihre Hilfe nicht schnell genug kommt oder nicht gut genug ist. Gibt es nicht noch *mehr,* was Sie diesem armen Opfer geben könnten? Bis Sie irgendwann merken, dass Sie die Grenze Ihrer Belastbarkeit erreicht haben oder eine Ihnen nahestehende Person Sie darauf hinweist, dass Ihr rettendes Verhalten ungesund ist.

Wenn Sie aufhören, professionelle Opfer zu retten, werden diese Menschen wütend. Sehr wütend. Und beginnen dann, Sie mit verbalen Drohungen zu attackieren, mit rüden Posts auf Ihrer Social-Media-Seite oder schikanierenden Anrufen. Sie wagen es, Sie zu beschuldigen, Ihren Job nicht gut genug zu machen, *während* Sie damit beschäftigt sind, sie zu retten. Sie tun genug für sie. Wenn sie unglücklich sind, werden professionelle Opfer sagen, dass es Ihre Schuld ist. Wenn Sie also das nächste Mal den Drang verspüren, jemanden zu retten, beten Sie zuerst um Führung. Professionelle Opfer zeichnen sich durch endlose Dramen und abgrundtiefe Bedürfnisse aus, die nie gestillt werden können. Sie sind nicht nur undankbar für Ihre Hilfe, die sie bekommen, sondern kritisieren Sie auch noch.

Sie werden nie ein Gefühl der Zufriedenheit empfinden, während Sie mit der Rettung eines professionelles Opfers beschäftigt sind, denn deren Anliegen ist es einzig und allein, Ihre Energie abzusaugen, bis nichts mehr übrig ist. (Wir werden in Teil II näher darüber sprechen, wie Sie diese toxischen Beziehungen identifizieren und mit ihnen umgehen können.)

Die Sucht, retten zu wollen

Süchte sind immer ein Versuch, eine innere emotionale Leere mit etwas zu füllen, das außerhalb von uns liegt. Die Sucht vermittelt uns vorübergehend angenehme Gefühle von Sicherheit, Liebe und Frieden – die gleichen Gefühle, die wir vor dem ursprünglichen Trauma hatten (siehe Kapitel 1). Sie fühlen sich wie ein Held oder eine Heldin, wenn Sie jemanden retten, und dieses Gefühl ist eine Empfindung, die kurzfristig Ihre Selbstachtung stärkt. Dieses Gefühl ist besonders stark, wenn Sie glauben, *Nur ich kann ihm helfen. Er zählt auf mich!*.

Ist es aber wirklich so, dass nur Sie diese Person retten können? Welche Alternativen gäbe es für den anderen, wenn Sie nicht verfügbar wären, ihn zu retten? Bitte seien Sie ehrlich mit sich bei den Antworten auf diese Fragen.

Die Sucht, andere zu retten, besteht, wenn ein Muster existiert, das auf alle Ihre Beziehungen zutrifft und zeigt, dass Sie jedes Mal ganz eindeutig der Retter oder die Retterin waren und der andere ein Opfer, das gerettet werden muss. *Rettungssucht* weist die klassischen Kennzeichen eines Suchtverhaltens auf: Sie entwickeln eine Abhängigkeit zu dem Verhalten, um sich erfüllt, glücklich oder wichtig zu fühlen. Sie nehmen Rettungen impulsiv vor, indem Sie sofort sagen, »Das übernehme ich!«, ohne mögliche Alternativen oder Nachwirkungen zu bedenken.

Wie jede andere Sucht führt auch die Rettungssucht zu chaotischen und unschönen Konsequenzen. Bald nachdem Sie sich bereit erklärt haben, jemanden zu retten, merken Sie, wie sich bestimmte vertraute Gefühle einschleichen: Sie haben sich zu viel aufgeladen und fühlen sich überfordert. Sie sind sauer, weil niemand anders helfen will; Sie fühlen sich nicht genügend geschätzt von den Personen, denen Sie helfen; Sie würden lieber Zeit mit einem persönlich sinnvollen Projekt verbringen; und Sie fühlen sich schuldig, weil Sie nicht sicher sind, ob Sie den anderen tatsächlich retten wollen.

Diese Gefühle werden noch weiter verstärkt, wenn derjenige, den Sie retten wollen, anfängt, zusätzliche Forderungen an Ihre Zeit oder andere Ressourcen zu stellen.

Was ist also falsch an dieser Art von Rettung? *Eine Menge!* Wenn Sie andere retten, rauben Sie ihnen die Chance, zu lernen, sich selbst zu helfen. Außerdem bieten Sie Menschen ein Sicherheitsnetz, was ihnen die Möglichkeit gibt, sich in weitere Krisen zu verwickeln. Schließlich kann man sich ja auf Sie jederzeit verlassen, sie aus der Patsche zu holen.

Zudem ist die Sucht bitter für Ihre Selbstachtung, weil Sie keine gesunde, echte Beziehung haben mit den Personen, die Sie retten. Stattdessen gibt die Beziehung Ihnen das Gefühl, dass Sie nur geliebt werden für das, was Sie für andere tun können, und nicht für das, was Sie sind. Das ist ein einsames Gefühl, was die Abwärtsspirale eines immer geringer werdenden Selbstwertgefühls in Gang setzen kann.

Ehrenamtliche Tätigkeit in Gremien oder Ausschüssen

Ehrenamtliche Tätigkeit ist göttliche Arbeit, weil ehrenamtliche Mitarbeiter wichtige Aufgaben in der Gesellschaft erfüllen. Es gibt aber eine Balance, und um sie zu finden, braucht so mancher Erdenengel Hilfe!

Es ist eine Sache, unbezahlt an einem Projekt mitzuarbeiten, das Ihnen am Herzen liegt. Doch es ist eine ganz andere Sache, sich in die Enge getrieben oder gedrängt zu fühlen, Aufgaben bei diversen Komitees oder Gremien zu übernehmen, an denen Sie kein Interesse haben. Wenn Sie nicht sicher sind, dass die ehrenamtliche Tätigkeit Ihnen Freude bringt, *vergessen Sie es.* Sie geben erst dann anderen etwas, wenn Sie es aus einem Gefühl der Liebe tun. Es gibt viele Möglichkeiten für ehrenamtliches Engagement, die mit Ihren persönlichen Leidenschaften und natürlichen Interessen übereinstimmen.

Ähnlich verhält es sich bei der Arbeit in Gremien oder Ausschüssen in Ihrem Job, für die Sie nicht bezahlt werden und denen beizutreten Sie sich gezwungen fühlen. Vergessen Sie nicht, es ist völlig in Ordnung, Nein zu sagen zu Aktivitäten, für die Sie keine Zeit haben. Solange Sie Ihren regulären Job gut machen, wird man Sie dafür schätzen. Und wenn Sie in Ihrem Job keine Anerkennung für Ihre Arbeit erfahren, ist es an der Zeit, sich nach einer neuen Stelle umzuschauen, wo man Sie und Ihre Fähigkeiten schätzt!

Urteilsvermögen statt Urteilen

Erdenengel sind stolz darauf, nicht zu (ver-)urteilen. Daher ist es für sie wichtig, stattdessen ein Gefühl für *Urteilsvermögen* zu entwickeln.

Urteilsvermögen funktioniert nach dem Gesetz der Anziehung. Es sagt: *Von diesem fühle ich mich angezogen; von jenem fühle ich mich nicht angezogen.* Ihr Urteilsvermögen würde zum Beispiel sagen, dass Sie sich nicht zu etwas oder jemandem hingezogen fühlen. Urteilen andererseits bezeichnet alles entweder als gut oder schlecht, ist also im Ansatz intellektueller.

Beim Urteilen würden Sie sagen: *Dieser Mensch ist schlecht. Jener Mensch ist gut.* Mit Urteilsvermögen würde das Gesetz der Anziehung es anders formulieren: *Ich fühle mich zu diesem Menschen hingezogen. Zu jenem Menschen fühle ich mich nicht hingezogen.*

Wenn Sie Urteilsvermögen entwickeln, sind Sie ehrlich mit sich selbst im Hinblick auf Ihre Gefühle in Gegenwart einer anderen Person oder Situation. Sie versuchen nicht, Ihre Gefühle zu rationalisieren. Sie spielen sie nicht herunter. Sie hören auf Ihre Gefühle und würdigen sie kraft Ihres Urteilsvermögens!

Suchen Sie sich die Menschen aus, mit denen Sie Ihre Zeit verbringen, denn sie werden Ihre Energie und Erfahrungen im Leben beeinflussen. Es ist richtig, Sie können das Gute in jedem Menschen sehen, doch wenn eine Beziehung toxisch ist, kann sie Sie über Gebühr runterziehen.

Zum Beispiel habe ich vor längerer Zeit einer Meditationsgruppe angehört, wo jeder abwechselnd eine Woche lang die Meditation leitete und ein kurzes Teaching gab. Die Gruppe war harmonisch, inspirierend und unterstützend, eine wahre Wonne. Dann kam eines Tages ein selbst ernannter Atheist und wollte unserer Gruppe beitreten. Da wir eine großherzige »Wir-lieben-jeden«-Art von Gruppe waren, hatten wir eine Diskussion und beschlossen, seinem Wunsch nachzukommen. Damit begannen die Probleme, weil der Mann bei allem, was wir sagten, des Teufels Advokat spielte und jede unserer Aussagen bestritt. Unsere Meditationsgruppe machte keinen Spaß mehr, und innerhalb eines Monats, nachdem dieser Mann beigetreten war, stellten wir unsere Treffen ein.

Manchmal kann es deshalb sehr wichtig sein, wenn Sie jemanden in Ihrem Leben *nicht* willkommen heißen.

61

4

Freundlich und liebevoll,
aber kein Schwächling

Erdenengel sind nett, weil sie sehr sensitiv dafür sind, wie Energien sich auf andere Menschen auswirken. Sie behandeln andere so, wie sie selbst behandelt werden möchten, und halten sich im Wesentlichen an diese goldene Regel.

Erdenengel sehen das Beste in anderen Menschen und erwarten folglich stets das Beste. Wenn die Welt doch wirklich auf diese Weise funktionieren würde!

Zur dreidimensionalen physischen Welt gehört das Ego, und dieses Ego herrscht bei der Mehrheit der Menschen vor, die den Pfad wahren Glücks nicht kennen, der darin liegt, im Sinne des eigenen höheren Selbst zu leben.

Was allerdings nicht bedeutet, dass Erdenengel ihren Standard reduzieren und versuchen müssen, dem niedrigsten gemeinsamen Nenner rüden oder ego-basierten Verhaltens zu entsprechen. Doch fordert es von Erdenengeln, sich der Ego-Energie bewusst zu sein, wenn sie sich meldet.

Wenn man Sie aufgrund der Tatsache, dass Sie ein netter Mensch sind, wiederholt ausgenutzt hat, dann lesen Sie dieses Kapitel bitte besonders aufmerksam.

Bei der Ego-Energie geht es allein um »ich« und »mich« und »mein«: *Was bringt mir das? und Welche Vorteile gewinne ich dadurch?*

Das ist der Grund, warum selbstzentrierte Menschen *Egozentriker* genannt oder als *egoistisch* bezeichnet werden. Daher ist es wichtig, sich Zeit zu nehmen und sich auf die Menschen einzustimmen, die in Ihr Leben treten, und sehr genau darauf zu achten, wie sich Ihr Körper in Gegenwart des Betreffenden anfühlt. Ihr Körper ist einer der genauesten »Wahrsage«-Instrumente auf dieser physischen Ebene. Er ist ein Kristall, das auf Energie-Vibrationen reagiert.

Wenn Sie also jemanden kennenlernen, fragen Sie sich nicht besorgt: *Mag sie/er mich? Bin ich gut genug?* oder ähnliche Formen des Selbstzweifels, sondern hören Sie auf das, was Ihr Körper Ihnen sagt. Achten Sie dabei auf Folgendes:

❀ Fühle ich mich in der Gegenwart dieses Menschen, als würde mir meine Energie abgesaugt?

❀ Zieht sich mein Bauch wie in Verteidigungshaltung zusammen, so als müsste ich mich gegen eine Gefahr wehren?

❀ Fühle ich, wie ich vor diesem Menschen zurückweiche oder mich entfernen möchte?

❀ Besteht der Eindruck, dass ich der Einzige bin, der sich auf diese Beziehung einlässt?

❀ Fühlt es sich an, als ginge es bei diesem Menschen immer nur darum, zu nehmen?

❀ Macht der oder die Betreffende Witze darüber, immer ungestraft davonzukommen oder andere zu benutzen?

❀ Fühle ich mich nach der Begegnung mit diesem Menschen müde, depressiv, ängstlich oder beklommen?

Wenn Sie also jemandem begegnen, der ego-fokussiert ist, werden Sie ein schwächendes Gefühl in Ihrem Körper spüren, was daran liegt, dass Ihnen Ihre Energie *tatsächlich* abgesaugt wird. Außerdem werden Sie von dem Egozentriker gescannt, der einzuschätzen versucht, was er oder sie von Ihnen nehmen oder bekommen kann.

Es gibt verschiedene Dinge, die egozentrische Menschen von Ihnen haben wollen. Vielleicht suchen sie nach einfachen Dingen, wie zum Beispiel einem offenen Ohr oder freundlichen Worten. Die meisten Erdenengel fühlen sich nicht ausgenutzt, wenn sie diese Dienste leisten, es sei denn, sie wachsen sich zu einer einseitigen Beziehung aus, bei der Sie der Einzige sind, der Komplimente gibt und zuhört, während der andere Ihnen weder je etwas Nettes sagt noch genug Interesse aufbringt, um im Gegenzug *Ihr* Resonanzboden zu sein.

Um einen Menschen zu finden, der nicht selbstzentriert ist, müssen Sie darauf achten, andere Erdenengel und Personen kennenzulernen, denen Geben ein echtes Anliegen ist … oder jene, die an der Entwicklung ihres Selbstbewusstseins gearbeitet haben und zu der Erkenntnis gelangt sind, dass der Weg zu wahrem Glück darin besteht, eine Balance zwischen Geben und Nehmen herzustellen.

Beziehungen sind synergetisch. Sie können so zauberhaft und nett sein wie ein Engel im Himmel, doch so lange Sie nicht mit jemandem zusammen sind, der Ihre Freundlichkeit ehrt und respektiert, ist die Wahrscheinlichkeit groß, dass Sie von Menschen, die egozentrisch sind, ausgenutzt werden.

Wenn jemand egozentrisch ist, bringt es nichts, sich Gedanken darüber zu machen, ob er oder sie Sie mag. Egozentrische Menschen sind unfähig, andere zu mögen, weil ihre Herzen verschlossen sind. Sie mögen sich nicht einmal selbst.

Wenn Sie das Gefühl haben, dass jemand ein »Nehmer« ist, fahren Sie Ihre Energie und Bemühungen zurück. Er oder sie ist Ihre Zeit und Freundschaft nicht wert. Sie würden diese Beziehung sowieso bald beenden, wenn Sie nicht länger bereit sind, sich benutzen zu lassen. Es steht Ihnen (und jedem von uns) nur eine begrenzte Zeit hier auf Erden zur Verfügung, und die sollten Sie am besten mit jemandem verbringen, der dankbar ist, wenn ihm geholfen wird.

Egozentrische Menschen sehen die Hilfe von anderen als bedrohlich für ihr eigenes Ego an, weil es bedeutet, dass sie »schwach« sind, wenn sie die Hilfe annehmen. Außerdem empfinden sie die Tatsache, Hilfe zu empfangen, als »Gewinn« in ihrem endlosen Spiel des Nehmens, so viel sie können, ohne irgendetwas zurückzugeben.

Wenn Sie es mit einem egozentrischen Menschen zu tun haben, geht es nicht darum, durch Nettigkeit ihre oder seine Anerkennung zu gewinnen. Es ist unmöglich, von Personen Anerkennung zu erhoffen, die nur auf sich selbst bedacht sind. Fokussieren Sie sich stattdessen darauf, liebevoll zu sein und sich selbst zu respektieren.

Bei allen Begegnungen, in denen es um Selbstbehauptung geht, besteht Ihr Ziel nicht darin, den anderen zu ändern. Ihre Intention ist es, ehrlich und authentisch zu sein, gut auf sich selbst zu achten und die anderen Menschen mit Respekt zu behandeln.

Echtheit und Respekt

Falls Sie mit Phrasen wie: »Wenn du nichts Nettes sagen kannst, sage am besten gar nichts« aufgewachsen sind, werden Sie unter Umständen diesen Satz als Anweisung verstehen, »vorgetäuscht nett« zu sein. Es gibt jedoch einen echten Unterschied zwischen der Erkenntnis, wann man am besten den Mund hält und es so vermeidet, etwas Verletzendes zu sagen, und einem falschen Lächeln oder vorgetäuschten Lachen.

Viele Erdenengel sind nett, denn das ist ihre Möglichkeit, die Reaktionen anderer zu manipulieren und zu kontrollieren.

Auch das ist egozentrisch! Nettigkeit aus Angst, dass der andere Sie verlässt oder nicht mag, wenn Sie nicht supernett sind, ist für niemanden ein echtes Geschenk.

Selbst die kühlsten und am wenigsten bewussten Menschen besitzen genug Sensitivität, um zu erkennen, wann jemand so tut als ob. Wenn selbstsüchtige oder egozentrische Personen merken, dass ihnen jemand etwas vormacht, denken sie, *Sie oder er versucht krampfhaft, nett zu sein. Wahrscheinlich will sie was von mir. Also werde ich sie zuerst benutzen, bevor sie mich benutzen kann!*

Nettigkeit vorzutäuschen macht Sie verletzbar gegenüber Personen, die nach einem willigen Opfer suchen, das sie ausnutzen können. In diesem Tanz sind Sie beide unehrlich. Sie als der Erdenengel können Ihre Macht nur dann ausüben, wenn Sie authentisch sind.

Üben Sie jeden Tag, die Maske eines vorgetäuschten Lächelns abzunehmen, wenn Ihnen nicht nach Lächeln zumute ist. Üben Sie jeden Tag, mindestens einen Satz laut auszusprechen, der beschreibt, wie Sie sich wirklich fühlen, selbst wenn Sie Angst vor den Reaktionen der anderen haben. Mit Übung werden Sie Selbstvertrauen und Sicherheit gewinnen und lernen, in jeder Situation authentisch Sie selbst zu sein.

Anstatt alles zu versuchen, damit andere Menschen Sie »mögen«, sollten Sie lieber darauf achten, Selbstachtung und den Respekt anderer zu gewinnen. »Respekt« bedeutet, dass jemand an Sie als einen verantwortungsvollen, vertrauenswürdigen und ehrlichen Menschen glaubt. Respekt und Vertrauen gehen Hand in Hand.

Wenn Sie so tun, als wären Sie glücklich, es in Wahrheit aber nicht sind, werden andere Menschen Ihnen nicht vertrauen, weil sie sich fragen, inwieweit Sie auch in anderen Bereichen

Dinge vortäuschen. Wenn Sie sich zu einem Lächeln oder Lachen zwingen, werden andere Sie nicht respektieren, weil aufgesetztes Verhalten zeigt, dass Sie sich nicht selbst respektieren.

Jeder fühlt das ganze Spektrum menschlicher Emotionen, und Sie sind keine Ausnahme. Es wird Zeiten geben, wo Sie wirklich zornig sind, und es ist in Ordnung, anderen Ihre Wut zu zeigen, solange Sie ihnen nicht toxische Energie entgegenschleudern.

Es wird Zeiten geben, wo Sie sich verletzt, depressiv, verwirrt, albern fühlen sowie von jeder anderen Emotion gebeutelt werden, die es gibt. Es wird Gelegenheiten geben, wenn Sie mit Ihrem Chef oder anderen Autoritätspersonen Konflikte austragen müssen.

Der Gesichtsausdruck und die Körpersprache des selbstbewussten Erdenengels stimmt exakt überein mit dem, was er oder sie denkt und fühlt. Er oder sie versucht nicht, sich den Anschein des Coolseins oder Glücklichseins zu geben. Er respektiert sich selbst und andere. Er gibt anderen nicht die Schuld an seinen Gefühlen, doch ist er ehrlich, wenn er mit dem Verhalten eines anderen nicht einverstanden ist.

Der sich selbst behauptende Erdenengel erkennt, dass Beziehungen eine Folge von Verhandlungen zwischen zwei Menschen sind, die unter Umständen unterschiedliche Stile haben. Indem sie offen miteinander kommunizieren und die Gefühle und Meinungen des anderen respektieren, können beide dafür sorgen, dass ihre Bedürfnisse erfüllt werden und sie eine gesunde und dauerhafte Beziehung miteinander haben.

5

Erdenengel und ihre
Art der Kommunikation

*I*hre erhöhte Sensitivität bedeutet, dass Sie die Reaktionen anderer auf das fühlen, was Sie sagen. Daher unterscheidet sich Ihr Kommunikationsstil von dem der Menschen mit durchschnittlicher Sensitivität. In diesem Kapitel werden wir uns einige dieser Unterschiede näher anschauen.

In halben Sätzen sprechen

Erdenengel fürchten oft, dass sie andere Menschen belästigen. Sie reden schnell, wie gehetzt, damit sie nicht zu viel Zeit des anderen in Anspruch nehmen. Oder sie übergehen Details in Bezug auf das anstehende Thema, entweder weil sie versuchen, ihren Anteil an der Konversation gering zu halten ... oder weil sie glauben, dass die anderen genauso sensitiv sind und daher von der Annahme ausgehen, dass sie schon wissen, wovon Sie reden. Manchmal äußern sich nicht-zentrierte Erdenengel in halben Sätzen, die für niemanden einen Sinn ergeben, während andere Erdenengel New Age-Jargon benutzen, den »normale« Menschen nicht verstehen können (und die dann vielleicht erstaunt fragen: »Was bitte ist ein Chakra?«).

Andere Menschen sind frustriert, weil sie nicht verstehen, was Sie ihnen zu erklären versuchen. Das führt zu Missverständnissen, die wiederum zu verletzten Gefühlen und anderen Problemen führen können. Also besteht der erste Schritt für Erdenengel darin, bewusster zu sprechen und genug Information weiterzugeben, damit der andere genau versteht, was Sie zum Ausdruck bringen wollen. Doch auch das entgegengesetzte Extrem – zu viel zu reden und die Konversation alleine zu bestreiten – ist eine Kommunikationsfalle, die vielen Erdenengeln zum Verhängnis wird.

Ununterbrochenes Reden ist auf den Wunsch zurückzuführen, anderen Menschen gefallen zu wollen und ihre Aufmerksamkeit und Anerkennung zu gewinnen. Wenn Sie mit anderen reden und sich dabei auf ihre Augen einstimmen, werden Sie wissen, ob sie Ihren Worten folgen. Wenn Sie merken, dass ihre Augen wandern oder glasig werden, ist dies ein Zeichen, dass sie den Kontakt mit Ihnen verloren haben und nicht länger zuhören. Der Grund dafür kann das toxische Verhaltensmuster Ihres Gegenübers sein, wie zum Beispiel Narzissmus oder einseitige Freundschaft. Oder es könnte darauf zurückzuführen sein, dass er oder sie nicht versteht, worüber Sie reden. Oder Sie reden so viel, dass der andere das Interesse verloren hat, Ihnen zuzuhören.

Einige dieser Kommunikationsprobleme haben damit zu tun, dass Erdenengel extrem sensitiv auf chemische Stoffe reagieren. Das kann dazu führen, dass sie von Koffein oder Zucker übermäßig stimuliert werden und zu viel reden oder nicht aufhören können, ohne dass sie es merken. Wenn Sie sich darin wiedererkennen, ist es an der Zeit, den Konsum von Koffein und Zucker zu reduzieren. Nehmen Sie stattdessen natürliche Stimulanzien wie beispielsweise Hagebutten- oder Pfefferminztee.

Außerdem ist es wichtig, dass Sie sich erden, besonders in geschäftlichen Situationen oder während Sie mit »normalen« Menschen kommunizieren. Atmen Sie tief ein, und berühren Sie Ihre Füße, oder gehen Sie mit bloßen Füßen über eine Wiese oder den nackten Erdboden, um sich zu erden. Sorgen Sie dafür, dass Ihre Konversation so klar und einfach ist wie möglich. Sparen Sie Ihre philosophischen Diskussionen für Ohren auf, die diese hochenergetischen Themen verstehen können.

Sätze wiederholen

Erdenengel neigen zuweilen auch dazu, sich aus Angst oder Nervosität zu wiederholen. Einer der typischen Sätze, die Erdenengel von sich geben, lautet: »Es tut mir leid.«

Erdenengel entschuldigen sich ständig, so als würden sie um Verzeihung dafür bitten, zu existieren. Der Grund dafür ist auch in diesem Fall, dass sie nicht daran gewöhnt sind, einen physischen Körper zu haben. Sie merken, dass ihr Körper Raum einnimmt und bestimmte Ressourcen benötigt, während sie sich sehnsuchtsvoll an die Tage erinnern, wo sie Engel im Himmel waren und den Menschen ohne irgendeine Art physischer Einmischung helfen konnten.

Das Problem mit dem ständigen Entschuldigen besteht darin, dass es unangebracht ist und von intelligenten Gesprächen ablenkt. Zudem ist es eine unbewusste Angewohnheit, die Sie sich bewusst machen müssen, damit Sie sie heilen und loslassen können. Eine Möglichkeit dazu bietet ein Pakt, den Sie mit einem anderen Erdenengel-Freund schließen. Versprechen Sie einander, den anderen freundlich darauf aufmerksam zu machen, wenn er oder sie sich entschuldigt. Das funktioniert tatsächlich, solange Sie beide liebevoll miteinander umgehen, weil Sie wissen, dass sowohl Sie als auch der andere hochsensitiv auf vermeintliche Kritik reagieren.

Darüber hinaus tendieren Erdenengel dazu, wiederholt »Vielen Dank« zu sagen, insbesondere wenn jemand ihnen einen Gefallen erweist. Dies ist ein Zeichen für das Gefühl des Erdenengels, unwürdig zu sein, keinen Gefallen verdient zu haben und zu befürchten, die Zeit eines anderen über Gebühr in Anspruch zu nehmen und ihn oder sie zu belästigen.

Auch hier ist der Grund der, dass Sie weder an das Leben in einem physischen Körper gewöhnt sind noch daran, sich von anderen helfen zu lassen. Als himmlischer Engel waren Sie es, der immer für andere da war und ihnen alles gab. Doch sobald Sie einen physischen Körper annehmen, werden Sie Teil der Polarität des Gebens und Nehmens. Während es also angebracht ist, jemandem, der Ihnen geholfen hat, Ihre Dankbarkeit zu zeigen, machen Sie sich bitte bewusst, dass es unnatürlich, unnötig und letzten Endes nervig ist, wenn Sie dem Betreffenden wiederholt danken.

Eine weitere oft wiederholte Äußerung ist die Frage: »Bist du wütend auf mich?« Erdenengel nehmen alles sehr persönlich, zum Beispiel auch das Schweigen eines andern Menschen oder sein Rückzugsbedürfnis. Wenn Erdenengel fühlen, dass sich in einer Beziehung der andere zurückzieht, besteht ihr erster Impuls darin, ihm oder ihr nachzulaufen und sich beruhigen zu lassen, dass sie immer noch geliebt werden und dass der andere nicht wütend auf sie ist.

Das bringt allerdings gar nichts, es sei denn, Sie haben es mit einem hochsensitiven Menschen zu tun, der Mitgefühl für Ihre Unsicherheiten hat. In normalen Umständen jedoch kann es passieren, dass Sie den anderen *tatsächlich* wütend machen, wenn Sie immer wieder fragen, ob er oder sie Ihnen böse ist.

Wenn Sie also unsicher sind in Bezug auf Ihre Beziehung, ist es am besten, wenn Sie sich mit Ihrem Partner zusammensetzen und sagen: »Gibt es etwas, das wir klären müssen? Ist alles okay zwischen uns?« Und dann schweigen Sie und lassen den anderen reden. In den allermeisten Fällen hat Ihr Partner keine

71

Ahnung, worüber Sie da reden, weil er oder sie gar nicht böse auf Sie ist. Er wird erklären, dass er seine eigenen Probleme und Sorgen hat, die ihn momentan von seiner Beziehung mit Ihnen ablenken.

Wenn Sie das Gefühl haben, von Ihrem Partner vernachlässigt zu werden oder dass Ihre Bedürfnisse unerfüllt bleiben, müssen Sie mit der anderen Person sehr klar über Ihre Grenzen und Erwartungen sprechen. Machen Sie ihm Ihre Gefühle auf eine erwachsene, positive Weise klar und nicht wie ein Kind, das um einen Krümel Anerkennung bettelt. Sie müssen sich selbst und Ihre Bedürfnisse respektieren, und Sie verdienen eine erfüllte, befriedigende Beziehung!

Sich zu sehr bemühen

Wenn Sie kommunizieren, versuchen Sie nicht zu angestrengt, Ihr Gegenüber zu veranlassen, Sie zu mögen oder von Ihnen beeindruckt zu sein. Andere können die Energie eines Menschen fühlen, der sich zu sehr bemüht. Diese Energie stößt andere immer ab und sorgt dafür, dass sie sich abwenden. Niemand mag es, zu irgendetwas genötigt zu werden, auch nicht dazu, einen anderen zu mögen.

Unter Umständen denkt ein Mensch, der sich normalerweise freuen würde, Zeit mit Ihnen zu verbringen, dass irgendetwas mit Ihnen nicht stimmt, da Sie das Bedürfnis haben, ihn oder sie davon überzeugen zu müssen, Sie zu mögen. Das gilt vor allem in heterosexuellen Beziehungen, wo der Mann gerne aktiv wird und um die Frau werben möchte. Lassen Sie sich *von ihm* umwerben! Und nicht andersrum.

Respektieren Sie sich selbst genauso, wie Sie andere respektieren

Machen Sie sich nicht klein im Umgang mit anderen Menschen, so als würden Sie in ihnen Autoritätspersonen sehen oder sie auf ein Podest stellen und als Ihnen überlegen betrachten. Wenn Sie einem anderen gegenüber großen Respekt empfinden, oder wenn er oder sie eine Berühmtheit ist, reden Sie mit dem Betreffenden wie mit einem normalen Menschen. Die goldene Regel, andere so zu behandeln, wie man von ihnen behandelt werden möchte, ist für jede Art von Kommunikation genau das Richtige. Sie möchten nicht, dass jemand einen großen Wirbel um Sie macht, und genauso wenig möchten es andere (es sei denn, sie sind Narzissten, und diese Art von Beziehung wollen Sie sowieso nicht).

Ständiges Klagen

Neigen Sie dazu, viel zu klagen? Wenn ja, ist es durchaus möglich, dass Sie andere Menschen damit fortstoßen. Jemand, der viel klagt, macht den Eindruck eines wehleidigen Kindes, das sich als Opfer sieht, weil es anderen seine Macht gegeben hat. Sie sind jedoch weder ein Opfer noch ein kleines Kind. Als Erwachsener können Sie Entscheidungen treffen, um Ihr Leben zu ändern.

Wenn Sie klagen oder sich beschweren, suchen Sie dann nach Sympathie oder nach Lösungen? Die ehrliche Antwort auf diese Frage kann helfen, verborgene Ängste zu enthüllen, deren Sie sich nicht bewusst waren.

Klagen ist eine unbewusste Kommunikations-Angewohnheit, eine negative Affirmation, die genau das anzieht, worüber Sie

73

klagen. Diese Art der Kommunikation trägt nicht das Geringste dazu bei, Ihre Situation zu verbessern. Anstatt zu klagen, sollten Sie sich an die Arbeit machen und Ihr Leben zum Besseren verändern!

Seien Sie in Kommunikationen mit anderen ehrlich und authentisch. Teilen Sie genug Einzelheiten mit, damit die anderen wissen, wovon Sie reden. Beginnen Sie ein Gespräch nicht mitten in einem Gedanken, und ebenso wenig sollten Sie davon ausgehen, dass Ihr Gegenüber mit seinem »sechsten Sinn« versteht, woran Sie gedacht haben.

Achten Sie auf Ihre Atmung, während Sie reden, und geben Sie dem anderen genug Raum, um zu antworten. Seien Sie ein aufmerksamer Zuhörer und achten Sie gut auf das, was der andere sagt. Vor allem jedoch hören Sie auf Ihre eigenen Gefühle, wenn Sie mit jemandem ein Gespräch führen. Denn die wichtigste Konversation, die Sie je haben werden, ist die mit Ihrem wahren Selbst und mit Gott.

6

Schuldgefühle und Angst loslassen

Zwei Emotionen, die den meisten Erdenengeln aus eigener Erfahrung gut bekannt sind, sind Schuldgefühle und Angst. In diesem Kapitel werden wir uns mit diesen beiden Emotionen genauer beschäftigen.

Schuldgefühle

Schuldgefühle entstehen aus unterschiedlichen Gründen:

❀ Sie tun etwas, das nicht mit Ihren Glaubenssätzen und Moralvorstellungen übereinstimmt.
❀ Sie glauben, dass Sie nicht genug tun und getan haben.
❀ Sie glauben, dass Sie jeden glücklich machen sollten. Wenn jemand unglücklich ist, geben Sie sich selbst die Schuld daran. Erdenengel haben elterliche Schuldgefühle gegenüber allem, was auf diesem Planeten der Fürsorge bedarf, einschließlich Personen und der Umwelt.
❀ Sie glauben, für das geliebt zu werden, was Sie tun, anstatt um Ihrer selbst willen. Solange Sie also nicht »genug« oder nicht »das Richtige« tun, haben Sie das Gefühl, keine Liebe zu verdienen.

Als himmlischer Engel in der Geistwelt konnten Sie in sehr großem Ausmaß helfen. Doch auch dort hatte Ihre Hilfe, die Sie anbieten konnten, Grenzen, da die Menschen einen freien Willen haben und entsprechend wählen können. Nicht einmal

Gott kann intervenieren, wenn jemand die freiwillige Entscheidung getroffen hat, zu leiden oder etwas Verletzendes zu tun.

Und jetzt, wo Sie einen physischen Körper haben, sind Sie sogar noch mehr eingeschränkt im Hinblick darauf, wie vielen Menschen Sie gleichzeitig helfen können. Physische Körper gehen mit bestimmten Limitierungen einher, die Sie als körperloser Engel nicht kannten. Dies kann zu einem latenten Gefühl der Frustration führen, denn tief in Ihrer Seele erinnern Sie sich daran, wie es war, augenblicklich überall hingehen zu können, wo Sie gebraucht wurden. Sie erinnern sich an Ihre Fähigkeit, physische Gesetze außer Kraft zu setzen. Und wenn Sie auch nach wie vor Zugang zu Ihren spirituellen Talenten haben, verlangsamt die dichte physische Ebene alles.

Als Resultat all dieser Faktoren fühlen Sie sich schuldig – obwohl nichts davon Ihr Fehler ist! Durch Ihre Bereitschaft, einen physischen Körper anzunehmen, haben Sie *eine* Form von Superkraft gegen eine andere eingetauscht. Zum Beispiel hören Menschen im Allgemeinen nicht auf ihre Schutzengel. Entweder hören sie die Stimme ihrer Engel nicht, oder sie vertrauen bzw. glauben den Botschaften nicht, die sie empfangen.

Als Erdenengel haben Sie einen physischen Körper angenommen, weil Menschen *auf andere Menschen hören*. Sie sind nach wie vor ein Bote Gottes, außer dass Sie jetzt als Mensch lauter sprechen und leichter verstanden werden können.

Manche Schuldgefühle sind darauf zurückzuführen, dass Sie etwas tun, von dem Sie glauben, es sei falsch. Beispielsweise, indem Sie überzeugt sind, dass Zigarettenrauchen schädlich und spirituell abkömmlich ist, Sie aber trotzdem rauchen und sich auf diese Weise selbst hintergehen, was zu Schuldgefühlen führt. Genauso verhält es sich, wenn Sie glauben, es sei falsch, Fast Food zu essen, sich zu betrinken, eine Affäre zu haben, bei einem Examen zu schummeln … Sie diese Dinge aber trotzdem tun. Solange Sie Dinge tun, für die Sie sich schämen, werden Schuldgefühle die natürliche Konsequenz sein.

Schuld ist eine sehr gering vibrierende Energie. Die Engel sagen, dass Schuldgefühle die Flügel der Lichtarbeiter beschneiden. Schuldgefühle schränken unsere Effektivität als Heiler und Wesen ein, die hier sind, um Gutes zu bewirken.

Wenn Sie also Dinge tun, die Ihnen ein schlechtes Gefühl geben, haben Sie zwei Möglichkeiten, damit umzugehen:

1. **Hören Sie damit auf!** Dies ist wahrscheinlich die gesündeste Option, die Sie wählen können. Zugegeben, es ist nicht der leichteste Weg, doch er wird Sie stärker machen und Ihre Selbstachtung steigern.

2. **Verändern Sie Ihre Einstellung zu dem, was die Schuldgefühle verursacht!** Das Gefühl von Schuld ist verderblicher als jedes andere Verhalten, das Sie zeigen. Wenn Sie dieses Verhalten also fortsetzen, ist es notwendig, die damit einhergehenden Schuldgefühle loszulassen. Meditieren, beten, forschen und reden Sie mit Personen Ihres Vertrauens, oder nehmen Sie andere, positive Schritte vor, um Ihre Glaubenssätze im Hinblick auf das infrage stehende Verhalten neu auszurichten, damit Sie es ohne Schuldgefühle weiterhin ausüben können.

Jeder Mensch hat einen freien Willen

Wie bereits erwähnt, sind Schuldgefühle häufig darauf zurückzuführen, dass andere Menschen unglücklich sind und wir uns Vorwürfe machen, weil wir nicht fähig sind, sie zu »reparieren«. Das ist der Moment, wo wir uns an die Entscheidungen des »freien Willens« erinnern müssen. Wir gehen automatisch davon aus, dass jeder glücklich sein will; und das liegt daran, dass wir Glück als die höchste Vibration aus eigener Erfahrung kennen und wissen, wie heilend und gesund es ist. Warum sollte also nicht jeder glücklich sein wollen?

In spiritueller Hinsicht sind wir alle gleich glücklich, denn wir wurden als Ebenbild Gottes geschaffen, der reine Ekstase, Freude und Glück ist. In der Tiefe unserer Seele sind wir alle *schon immer* glücklich!

Doch in dieser dreidimensionalen physischen Welt der Dualität und Polarität gibt es für alles entgegengesetzte Kräfte. Zum Beispiel wäre das Gegenteil von Glück Depression. Manche Menschen scheinen extreme Gefühle geradezu zu suchen. Sie fühlen sich erst dann richtig lebendig, wenn sie niedergeschlagen und depressiv sind. Man könnte sagen, dass auch manche Erdenengel zu dieser Kategorie gehören! Denn wenn sie sich nicht erlauben, glücklich zu sein, nur weil ein anderer unglücklich ist, bedeutet es dann nicht, dass auch sie zum Unglück in der Welt beitragen?

Jeden glücklich sehen zu wollen hat letzten Endes etwas sehr Kontrollierendes. Sie treffen die Entscheidung für andere, was Ihr Wunsch für deren emotionalen Zustand betrifft. Vielleicht überreden oder zwingen Sie den anderen dann dazu, Ihrem Rat zu folgen, damit er endlich glücklich sein kann. Das ist sehr respektlos und fühlt sich letzten Endes so an, als wollten Sie

Gott spielen. Jeder Mensch trifft seine eigenen Entscheidungen, und wenn Sie auch ein Vorbild sein oder einen sehr positiven Einfluss auf andere ausüben können, liegt es letzten Endes an dem anderen zu wählen, ob er glücklich sein will oder nicht. Liebe heißt, die Entscheidungen, die jemand für sich selbst getroffen hat, zu respektieren.

Wenn ein geliebter Mensch in eine schwere Depression stürzt, ist es nur natürlich, dass Sie unbedingt intervenieren und professionelle Hilfe finden wollen. Depression kann zu ernsten gesundheitlichen Konsequenzen und im schlimmsten Falle zu Suizid führen.

Doch im Falle einer durchschnittlich ausgeprägten Traurigkeit sollten Sie anderen den Raum geben, selbst zu entscheiden, wie sie leben wollen. Das wird Ihr Leben wesentlich leichter machen. Sie müssen nicht mehr die Entscheidungen für andere treffen, was eine sehr befreiende Erkenntnis ist! Und wenn es Ihnen keine Freude macht, mit jemandem zusammen zu sein, der chronisches Unglück oder Unzufriedenheit gewählt hat, machen Sie sich bewusst, dass niemand Sie zwingen kann, Zeit mit ihm oder ihr zu verbringen!

Sich Sorgen machen

Sorgen entstehen, wenn Sie versuchen, die Zukunft zu kontrollieren. Sie stellen sich vor, was alles Schlimmes passieren kann, damit Sie es verhindern können.

Das Problem mit Sorgen als Kontrollinstrument ist, dass stets das Gegenteil von dem eintritt, was Sie sich wünschen. Das, was Ihnen Sorgen bereitet, neigt dazu einzutreten. Sorgen sind eine extrem niedrig vibrierende Energie, die Anspannung in Ihrem Gesicht, Körper und Geist verursacht.

Sorgen halten andere Menschen fern, die sich bewusst oder unbewusst von der niedrigen Energie dieser Emotion abgestoßen fühlen. Das kann dazu führen, dass Sie sich in Zeiten, wo Sie Hilfe und Unterstützung brauchen, einsam und ängstlich fühlen. Darüber hinaus werden Sie im Falle obsessiver Sorgen dazu tendieren, genau *das* in einer Art sich selbst erfüllender Prophezeiung zu manifestieren.

Anstatt dass Sorgen Ihnen helfen, die Zukunft zu kontrollieren, bringen sie exakt das in Ihr Leben, was Sie *nicht* wollen. Sorgen gehören wahrscheinlich zu den schlechtesten Verteidigungsmechanismen, deren Sie sich bedienen können.

Sorgen können auch eine vererbte Angewohnheit sein. Wenn Sie oft gesehen haben, wie Ihre Eltern sich sorgten, kann es sein, dass Sie dieses Verhalten als einen normalen Teil des Lebens übernommen haben. Häufig meinen Eltern, dass es zur Liebe gehört, sich zu sorgen. Manche Eltern sagen ihren Kindern sogar: »Ich mache mir nur deswegen Sorgen um dich, weil ich dich liebe.« Und so wächst das Kind heran und verwechselt Sorgen mit Liebe.

Natürlich ist es normal, dass wir uns um unsere Kinder sorgen! Doch wenn wir erkennen, dass diese Emotion oft zu negativen Resultaten führt, ist das eine starke Motivation, uns nicht mehr solche überflüssigen Sorgen zu machen.

Sorgen und Angst können zudem eine Suchtgewohnheit werden. (Süchte sind obsessive und zwanghafte Angewohnheiten, die vorübergehende Erleichterung und Glück bringen, gefolgt von lang anhaltendem Schmerz.) Sorgen können Ihnen für kurze Zeit das Gefühl geben, in der Lage zu sein, eine Situation zu meistern und zu kontrollieren, also wird dieses Verhalten zu einer vertrauten Angewohnheit. Zusätzlich zu der Verhaltenssucht dieser Emotion kann exzessives Sorgen zu Drogenmissbrauch führen, den Sie sich angewöhnen in dem Versuch, sich zu beruhigen.

Menschen, die sich ständig Sorgen machen, erscheint die Zukunft wie ein düsteres Untergangsszenario. Sie erwarten das Schlimmste, um sich vor Angst und Enttäuschung zu schützen, falls es tatsächlich eintritt. Häufig handelt es sich dabei um Personen, die ein hartes und schwieriges Leben hatten und in ihren Beziehungen nichts anderes kennengelernt haben als Schmerz und Betrug. Also ist es kein Wunder, dass sie fürchten, auch in Zukunft nichts als Schmerz zu erfahren.

Chronische Sorgen und Angst kann Ihr Immunsystem schwächen; oder Sie erleben Symptome von Panikattacken und Muskelspannung. Medizinische Untersuchungen zeigen, dass Menschen, die sich chronisch Sorgen machen, eher zu kardiovaskulären und ähnlichen Erkrankungen neigen.

Am wichtigsten ist es für Sie zu wissen, dass Sie eine bessere Zukunft für sich selbst gestalten können, ohne auf Sorgen zurückgreifen zu müssen. Bevor Sie also anfangen, sich um eventuelle Ängste zu sorgen, wollen wir uns ein paar reale Optionen näher anschauen:

1. **Vermeiden Sie stimulierende Nahrung und Getränke.** Tee, Kaffee, Softdrinks, Schokolade, Zucker und andere Stimulanzien können Ihren Körper in einen nervösen und angespannten Zustand versetzen, und Ihr Geist wird diese Spannung der Angst zuschreiben.

2. **Körperliche Fitness.** Druck abzulassen durch kardiovaskuläre Übungen wie Jogging, Laufen, Cross-Training, Yoga, schnelles Gehen, Schwimmen, Fahrradfahren, Tanzen und

Ähnliches sind wundervolle Möglichkeiten, die Angst-Gewohnheit zu reduzieren oder ganz loszulassen.

3. **Verwandeln Sie Sorgen und Angst in Gebete.** Sorgen und Angst helfen nie, doch Gebete helfen immer. Das nächste Mal, wenn Sie sich sorgen oder grämen, formulieren Sie Ihre Sorge in einem kompletten Satz. Schreiben Sie ihn entweder auf ein Blatt Papier oder in Ihren Computer; oder sprechen Sie den kompletten Satz laut aus. Indem Sie sich Ihren Sorgen stellen, nehmen Sie ihnen ihre Macht über Sie. Sorgen, die unbewusst und unterdrückt in Ihrem Inneren gären, führen schließlich zu dem Aufruhr der Sorgen, die von Ihrem Geist und Ihren Emotionen Besitz ergreifen. Als Nächstes schreiben oder sagen Sie die Worte: *Gott, bitte hilf mir mit ...* und beschreiben Sie dann die Sorgen. Jetzt haben Sie Ihre Sorgen und Angst in ein Gebet verwandelt.

Wie Sie wissen, können Gott und die Engel Ihnen nur helfen, wenn Sie die Erlaubnis dazu geben. Die himmlischen Kräfte achten die Entscheidungen Ihres freien Willens und werden nur dann intervenieren, wenn Sie darum bitten. Indem Sie also Sorgen in Gebete verwandeln, haben Sie damit dem Himmel erlaubt, Ihnen mit magischen und wunderbaren Lösungen zu helfen.

Dunkle Nacht der Seele

Die dunkle Nacht der Seele tritt ein, wenn Sie sich Ihren innersten Ängsten stellen und sie in vollem Umfang fühlen. Für die meisten Menschen bedeutet dies, sich mit Problemen von Leben und Tod konfrontiert zu sehen, dem Sinn Ihres Lebens, und der Frage, ob das Leben es wert ist, gelebt zu werden. Die dunkle Nacht der Seele ist ähnlich wie die Initiationen, die Kandidaten im alten Ägypten erdulden mussten, um Hohepriester oder -priesterinnen zu werden.

Dafür wurden sie für mehrere Tage in einen Sarkophag eingeschlossen. In dieser geschlossenen Umgebung, ohne Licht und mit gerade mal genug Luft, um nicht zu ersticken, wurde der Geist des Betreffenden von Angst und Panik überwältigt, indem seine oder ihre Ängste in Form sehr realistischer Halluzinationen lebendig wurden. Nach zwei oder drei Tagen wurde der Sarkophag geöffnet, und wenn der Eingeschlossene dann noch am Leben war, hatte er die Initiation bestanden. Manchmal kam es vor, dass Initianden vor lauter Angst in ihrem Sarkophag starben, selbst wenn diese Angst nur in ihrem Kopf stattfand.

Das zeigt, wie erschreckend unsere Gedanken sein können, wenn wir uns mit ihnen in der Realität konfrontieren.

In einer dunklen Nacht der Seele fühlen Sie sich völlig allein auf der Welt, ganz und gar missverstanden, so als würden Sie nirgends dazugehören. Sie haben das Gefühl, als sei Ihr Leben sinnlos, warum also damit weitermachen?

So wie die alte ägyptische Initiation bringt die dunkle Nacht der Seele Sie in eine Situation, wo es um Leben oder Tod geht. Manche Menschen überleben diese dunkle Nacht der Seele nicht, weil sie zu dem Schluss kommen, dass das Leben es nicht wert ist, gelebt zu werden, und sie begehen Selbstmord. Für andere wiederum findet dieser Selbstmord auf eine langsamere Art statt, indem der oder die Betreffende gefährliche Süchte entwickelt, um sich allmählich selbst zu töten.

Doch wenn Sie sich den Emotionen stellen und sie aushalten können, auch die schmerzhaftesten, kann die dunkle Nacht der

Seele tatsächlich Ihr ganzes Leben auf eine höhere und klarere Ebene heben.

Niemand wünscht sich eine solche dunkle Nacht der Seele, und es ist nicht etwas, das Sie künstlich herbeiführen können. Grundsätzlich tritt dieser Zustand irgendwann ein, wenn Sie am wenigsten damit rechnen, in der Regel, weil irgendetwas einen tiefen und dunklen emotionalen Punkt in Ihrem Inneren berührt hat.

Dunkle Nächte der Seele, wie jeder Aspekt des Lebens, üben eine heilende und nützliche Funktion aus. Die dunkle Nacht der Seele ist ein Spiegel, den Sie sich selbst vorhalten, damit Sie den Umfang der Ängste Ihres Egos sehen können. Viele schmerzhafte Emotionen, die Sie erleben, haben mit Situationen zu tun, die in Ihrer Kindheit passiert sind. Und heutige Situationen wecken diese schmerzhaften Erinnerungen.

Nach Möglichkeit sollten Sie Ihren Schmerz weder betäuben noch vor Ihren Emotionen davonlaufen, denn sie sind Ihre Lehrer! Fragen Sie einfach Ihre schmerzhaften Gefühle immer wieder: *Was willst du mich lehren?*, bis Sie die Antwort erhalten.

*Letzten Endes geht es um Folgendes: Sich selbst zu vergeben und jedem, der Ihnen jemals wehgetan hat, ist die einzige Möglichkeit, dem Schmerz zu entfliehen. Sie müssen anderen ihre Taten nicht vergeben. Doch sollten Sie auf jeden Fall **für sich selbst einstehen** und ehrlich in Bezug auf Ihre Gefühle sein. Und Sie sollten sich in keiner Weise missbrauchen lassen. Doch ist Vergebung als ultimative Entgiftung **essenziell**! Lassen Sie die Vergangenheit los, und werden Sie endlich frei!*

7

Werden Sie zu
Ihrer eigenen Autoritätsperson

Eine der Fragen, die mir am häufigsten gestellt werden, ist die, ob sich jemandes Traum erfüllen wird oder nicht. In der Regel sagen die Leute mir, dass Sie einen Traumberuf haben und möchten wissen, ob sie gefahrlos ihren gegenwärtigen Job aufgeben und sich in die Richtung bewegen können, die ihnen vorschwebt.

Zum Beispiel fragen mich Menschen oft, ob sie ein Heiler oder eine Heilerin sind. Was sie aber wirklich mit dieser Frage zum Ausdruck bringen wollen, ist Folgendes: »Könnte ich als professioneller Heiler erfolgreich sein?« Sie wissen, dass sie Heiler sind, weil sie oft erlebt haben, dass ihre heilende Energie einem anderen Menschen geholfen hat. Was sie jedoch nicht mit Sicherheit wissen, ist, ob sie ihre heilenden Fähigkeiten zu einer Vollzeitbeschäftigung machen und davon leben können.

Wenn jemand mir diese Frage stellt, kann ich ihm oder ihr natürlich ein Reading geben. Ich kann die Energie um den oder die Betreffende herum sehen und wie diese Energie sich zu ihrer idealen Berufung und Lebensaufgabe verhält. Dies ist etwas, das ich seit jeher für Freunde getan habe.

Wenn ich mich auch freue, Karriere- und Lebensaufgabe-Readings zu geben, würde ich es vorziehen, wenn die Menschen zu ihren eigenen Autoritätspersonen werden. Denn was mich in diesen Readings irritiert, ist das Gefühl, dass der oder die Betreffende ihre Macht an mich abtritt. Daher tue ich immer mein Bestes, um sie oder ihn in seiner eigenen Kraft zu bestärken.

Leider werden wir dazu erzogen, uns klein und entmachtet zu fühlen. In der Schule lehrt man uns, die Hand zu heben, wenn wir auf die Toilette gehen müssen, eine natürliche und notwendige Körperfunktion. Man lehrt uns, die Hand zu heben und uns zu melden, bevor wir sprechen dürfen, wobei Sprechen eine ebenso natürliche Funktion ist.

Keine Frage, diese Regeln schaffen soziale Parameter und Ordnung. Doch leider führen sie auch dazu, dass wir lernen, unsere natürlichen Impulse und Instinkte zu unterdrücken. Wir werden übermäßig konform und folgsam.

Außerdem lernen wir, uns auf andere Menschen zu verlassen, die uns die Erlaubnis geben zu tun, was wir tun wollen oder tun müssen. Was der Beginn einer wenig erfreulichen Kette von Ereignissen ist und dazu führt, dass wir als Erwachsene kein Selbstvertrauen haben und uns ständig selbst hinterfragen.

Wenn also eine begnadete Heilerin zu mir kommt, die ihre Gabe nicht anwendet, weil sie an sich selbst zweifelt, empfinde ich das als eine Tragödie. Stellen Sie sich vor, wie viele Leben sie schon hätte berühren und heilen können, wenn sie von Anfang an einfach nur ihrer inneren Führung gefolgt wäre.

Gehen Sie nicht länger auf Nummer sicher!

Jeder erfolgreiche Mensch muss Risiken eingehen, um seine oder ihre Träume wahr werden zu lassen. Diese Risiken sind sowohl physischer als auch emotionaler Natur! Ein Geschäftsmann muss Geld riskieren, um ein neues Geschäft zu eröffnen. Ein Autor riskiert neben einer Ablehnung auch verlorene Zeit, die er mit dem Schreiben und Verschicken des Manuskriptes an Verlage aufgewendet hat. Ein Künstler kann sich mitunter gedemütigt fühlen, wenn andere seine oder ihre Kunstwerke nicht schätzen. Und Aktivisten gehen das Risiko ein, als Verschwörungstheoretiker, negativ oder paranoid bezeichnet zu werden, weil sie sich zu gesellschaftlichen Problemen äußern.

Im Leben auf Nummer sicher zu gehen bringt Sie nirgendwohin. Sich an die Regeln zu halten bedeutet nicht, dass Sie im Leben als Sieger hervorgehen. Im Himmel gibt es niemanden mit einem Klemmbrett in der Hand, um jede Ihrer Handlungen zu beurteilen.

Sicher, es gibt Handlungen, die entweder mehr Liebe oder mehr Schmerzen in die Welt bringen können. Und als Erdenengel haben wir Aufgaben zugeteilt bekommen mit dem Ziel, mehr Liebe in die Welt zu bringen und zu vermeiden, anderen Schmerzen zuzufügen.

Wenn Menschen mich fragen, ob sie in ihrem Traumberuf erfolgreich sein würden, meinen sie damit in Wahrheit dies: »Kann ich meine Rechnungen bezahlen, wenn ich das tue, was ich liebe?« Und hier ist die ehrliche Antwort, basierend auf meinen Jahrzehnten der Forschung nach dem, was so manche Menschen erfolgreich macht im Hinblick auf weltlichen und emotionalen Erfolg (indem sie glücklich sind):

Die Wahrheit über Träume ist, dass für jeden praktisch alles verfügbar und erreichbar ist. Es gibt tatsächlich keine Hindernisse. Neunundneunzig Prozent aller Hindernisse, mit denen Sie sich konfrontiert sehen, basieren auf Ihren eigenen Ängsten. Und diese Ängste sind Projektionen, die Sie sich selbst in den Weg legen, indem Sie sich über die Zukunft Sorgen machen.

Wenn wir uns Sorgen machen: *Könnte dies passieren?* oder *Könnte jenes eintreten?*, pflanzen wir den Samen, der dazu führt, dass diese gefürchteten Situationen Realität werden. Auf unserem Weg werden uns diese Sorgen und Ängste um die Zukunft unweigerlich präsentiert.

Das Geheimnis des Erfolges

Alles, wovon Sie träumen und auf das hinzuarbeiten Sie bereit sind, wird erfolgreich sein. Alles, für das Sie willens sind, Risiken einzugehen, wird sich realisieren.

Die erfolgreichsten Menschen arbeiten für sich selbst. Sie haben selten Jobs, bei denen sie für jemand anderen arbeiten. Wenn Sie also Ihren Grad von Zufriedenheit sowohl mit Ihrem Job als auch mit Ihrem Einkommen deutlich verbessern wollen, müssen Sie Ihr eigener Boss werden. Es ist klug, Ihre Selbstständigkeit zunächst nur teilweise auszuüben und Ihren regulären Job beizubehalten, um die Rechnungen bezahlen zu können. Während Ihre selbstständige Tätigkeit nach und nach erfolgreicher wird und Ihr Einkommen wächst, können Sie irgendwann Ihren Job kündigen. Das passiert jedoch nicht magisch und wie von selbst. Sie müssen das Risiko wagen, Ihre selbstständige Tätigkeit aufzunehmen. Zu diesem Zweck müssen Sie finanzielle und emotionale Risiken eingehen, doch die Belohnungen sind es tausendmal wert.

Gott ist Ihr Arbeitgeber. Man könnte sagen, dass wir Erdenengel für die Gott AG arbeiten. Und genau wie jedes andere gute, ethisch geführte Unternehmen erhalten alle Arbeitnehmer der Gott AG jede Menge Unterstützung und alle Mittel, die sie für ihre Arbeit benötigen.

Das Einzige, was Sie tun müssen, um weiterzukommen und wundervolle Aufgaben zu finden sowie mehr Geld zu verdienen oder befördert zu werden, ist, der Führung zu folgen, die Sie als ein Mitarbeiter der Gott AG empfangen.

Haben Sie jemals für ein Unternehmen gearbeitet, bei dem es einen Kollegen gab, der an jeder Aufgabe, die ihm oder ihr übertragen wurde, etwas auszusetzen hatte? Neigt der oder die

Betreffende dazu, Anerkennung oder Gehaltserhöhungen zu bekommen?

Eher nicht!

Die Angestellten, die in den Genuss von Beförderungen und Gehaltserhöhungen kommen, sind jene, die Teamgeist an den Tag legen und den Anleitungen des Managements folgen.

Und genauso verhält es sich mit der Gott AG: Sie bekommen Aufgaben zugeteilt, die unter Umständen den Eindruck erwecken, als hätten sie nichts mit Ihren beruflichen Zielen zu tun.

Zum Beispiel könnten Sie den starken inneren Drang verspüren, keinen Alkohol mehr zu trinken oder sich von nun an hauptsächlich vegetarisch zu ernähren. Oder Sie fühlen sich aufgerufen, in eine neue Stadt zu ziehen, eine bestimmte toxische Beziehung aufzugeben oder mit Yoga anzufangen.

Dies sind Beispiele häufig anzutreffender Aufgaben der Gott AG. Diese Anweisungen scheinen keinen Sinn zu ergeben und haben Ihrer Meinung nach nichts mit Ihren wahren Aufgaben zu tun. Doch es ist ganz einfach: Wenn Sie Ihre Anweisungen befolgen, werden Sie auf wunderbare Weise belohnt. Wenn Sie die Ihnen gegebenen Aufgaben verzögern, aufschieben oder Einwände haben, erwarten Sie nicht, sehr weit damit zu kommen. Sie werden nach wie vor als der geliebt, der oder die Sie sind, werden jedoch nicht mit den coolen Aufgaben belohnt, die Ihrer Seele Flügel verleihen würden.

Lichtarbeiter

Erdenengel werden zuweilen auch *Lichtarbeiter* genannt, und diese beiden Bezeichnungen sind tatsächlich ziemlich austauschbar. Ich erwähne dies, weil ich klarstellen möchte, dass der Begriff Licht*arbeiter* lautet und nicht Licht*faulenzer*.

89

Als Erdenengel sind wir hier, um zu arbeiten! Sie und ich haben Jobs zu erledigen. Höchstwahrscheinlich können Sie die Tiefe und das Maß Ihrer Lebensaufgabe energetisch in Ihrem Inneren fühlen. Es mag sich wie ein innerer Druck anfühlen, der Welt zu helfen. Oder es kann auch ein Gefühl sein, als würde Gottes Wecker in Ihrer Seele klingeln und Sie dringend auffordern, sich aufzumachen und einen positiven Beitrag zur Welt zu leisten.

Ihre eigene Autoritätsperson zu sein bedeutet, dass Sie dieser inneren Führung vertrauen und ihr ohne Zögern oder Aufschub folgen. Zusammengefasst können wir sagen:

1. Sie müssen sich Ihrer wahren Gefühle sehr bewusst sein, physisch und emotional.

2. Arbeiten Sie täglich daran, Ihren Traum zu realisieren. Es spielt keine Rolle, *was* Sie tun im Zusammenhang mit Ihrem Traum, solange Sie jeden Tag *etwas* dafür tun.

Sie arbeiten mit den Kräften des Himmels zusammen als Team. Sie haben immer einen freien Willen und können sich entsprechend entscheiden, was bedeutet, dass Sie letzten Endes die Kontrolle über Ihr eigenes Schicksal haben. Wenn Sie jedoch für ein glückliches Resultat beten, müssen Sie sich mit Gott und den himmlischen Engeln zusammentun.

Wie Sie sehen, ist es eine Angelegenheit von Teamwork und hat nichts damit zu tun, unabhängig oder abhängig zu sein.

Spüren Sie den inneren Impuls, einen bestimmten aktiven Schritt vorzunehmen? Vielleicht werden Sie von diesem inneren Drängen aufgefordert, eine gesunde Änderung Ihrer Lebensweise in Angriff zu nehmen oder etwas Konstruktives zu tun.

Dieses innere, intuitive Wissen ist Ihre von der Gott AG gestellte Aufgabe. Die nächste Frage ist dann: *Werden Sie diese annehmen und den gegebenen Richtlinien folgen?*

Sie haben einen freien Willen, was bedeutet, dass Sie nichts tun *müssen*. Es gibt Millionen Gründe, warum Menschen ihren göttlichen Anweisungen nicht folgen. Vielleicht werden sie leidenschaftlich darüber diskutieren, warum sie nicht das tun können, wozu sie aufgefordert sind. Vielleicht führen sie ins Feld, nicht genug Zeit, Geld oder Informationen zur Verfügung zu haben, oder es mangelt ihnen an einem Gefühl der Bereitschaft, weil sie glauben, nicht genug vorbereitet zu sein oder nicht genug Selbstvertrauen zu besitzen. Die Liste der Gründe, warum sie ihre göttliche Aufgabe nicht erfüllen können, ist endlos lang.

Doch was ist, wenn diese Angestellten der Gott AG stattdessen die gleiche Menge Leidenschaft investierten und riskierten, einen aktiven Schritt in die Richtung der Erfüllung ihrer Aufgabe zu tun?

Die Antwort lautet: Wenn Sie auch nur einen einzigen Schritt entsprechend Ihrer inneren Führung machen, wird das Universum Sie mit dem gleichen Aufwand an Unterstützung und wundervollen neuen Gelegenheiten belohnen.

Ihre größten Träume stimmen in den meisten Fällen mit Ihrer Lebensaufgabe überein. Die Gott AG möchte, dass Sie glücklich, gesund, großzügig unterstützt, intellektuell stimuliert sowie emotional und spirituell erfüllt sind. Die Gott AG möchte keine unglücklichen Mitarbeiter beschäftigen!

Doch eines möchte die Gott AG auf jeden Fall: Mitarbeiter, die *Ja* sagen zu ihren Aufgaben, ohne Einwände vorzubringen, zu zögern oder zu versuchen, die Aufgabe zu verändern, damit sie dem Willen ihres Egos entspricht.

Werden Sie Ja oder Nein zu Gott sagen?

Wenn Sie Ja zu Gottes Aufgaben sagen, werden Sie großzügig mit wundervollen Herausforderungen, positiven Gelegenheiten und jeder Menge Beförderungen und Gehaltszulagen belohnt.

Im Endeffekt ist es so: Jeder Traum, in den Sie Mühe und Arbeit zu investieren bereit sind, wird sich realisieren!

Sie müssen jedoch bereit sein, die erforderlichen aktiven Schritte vorzunehmen. Jeder erfolgreiche Mensch arbeitet hart. Und jeder Erdenengel ist hier, um zu arbeiten.

Als Heiler oder Heilerin zum Beispiel müssen Sie einige der folgenden aktiven Schritte vornehmen:

❀ Sorgen Sie dafür, dass Ihr Geist und Körper frei von Giftstoffen ist, damit Sie die am höchsten vibrierenden Energien channeln können.

❀ Belegen Sie Kurse oder lesen Sie Bücher über unterschiedliche Heilungsarten.

❀ Üben Sie, sich selbst, Ihre Lieben, Ihre Haustiere oder Pflanzen zu heilen.

❀ Machen Sie sich einen Namen, indem Sie eine Website oder Social-Media-Seite für Ihre Heilungsarbeit einrichten. (Sie könnten einen Partner, wie zum Beispiel Ehemann/Ehefrau oder einen guten Freund, als Manager für Ihre Praxis »anheuern«.)

Falls es Ihr Traum ist, als Autor ein Buch zu veröffentlichen, müssen Sie unter anderem diese Aktionsschritte vornehmen:

❀ Legen Sie das Thema fest, über das Sie schreiben wollen.

❀ Nehmen Sie sich regelmäßig Zeit zum Schreiben.

❀ Seien Sie bereit, das Geschriebene an Verlage zu schicken, ohne sich durch eventuelle Ablehnungen davon abhalten zu lassen, Ihren Traum weiterzuverfolgen.

Was für mich beim Schreiben gut funktioniert hat, waren Deadlines, die ich mir selbst gesetzt habe. Als ich mit dem Schreiben an meinem ersten Buch begann, hatte ich mit meinen beiden kleinen Söhnen alle Hände voll zu tun, eine Vollzeitbeschäftigung als Versicherungsangestellte und mein Teilzeitstudium am städtischen College. Es wäre einfach gewesen, meinen Traum, als Autorin Bücher zu veröffentlichen, wegzurationalisieren und mir selbst zu sagen, dass ich einfach keine Zeit dafür hatte. Denn das entsprach absolut der Wahrheit. Ich hatte wirklich *viel* zu tun!

Es ist leicht, sich von der Ungeheuerlichkeit eines Traumes einschüchtern zu lassen. Das gilt vor allem dann, wenn Sie nicht genau wissen, ob Sie Ihr Ziel auch erreichen. Und tatsächlich ist es so, dass jeder Traum, der wahr geworden ist, sich auf unerwartete und höchst kreative Art manifestiert hat.

Was bedeutet, dass Sie tatsächlich nicht alle Drehungen und Wendungen voraussehen können, die Ihnen auf dem Weg zur Realisierung Ihres Traumes begegnen werden. Und es gibt keine Garantie, dass Ihr Weg immer leicht sein wird. Vielmehr kann ich Ihnen garantieren, dass es Momente der Enttäuschung geben wird. Doch lassen Sie sich davon nicht aufhalten!

Ihr Traum ist Ihr Baby, und die Tatsache, dass Sie den Gedanken daran in Ihrem Inneren tragen, ist eine Form der Schwangerschaft. Ihr Traum erfordert, dass Sie ihn »austragen«, indem Sie täglich Schritte vornehmen, um ihn zu nähren, zu pflegen und bis zur vollen Entfaltung reifen lassen.

93

Wenn Sie es sich zur Angewohnheit machen, täglich Aktionsschritte vorzunehmen, werden Sie merken, dass Sie Ihr Ziel viel schneller erreichen, als wenn Sie nur davon träumen würden.

Tun Sie jeden Tag etwas, das mit Ihrem Traum zusammenhängt – ganz egal, was es ist. Diese Aktionen regen Ihre Kreativität und Ihre Aufmerksamkeit für Gelegenheiten an, die sich Ihnen bieten.

Manchmal haben die Menschen Angst, ihre Träume zu realisieren, weil sie sich vor Erfolg oder Versagen fürchten. Es ist so viel einfacher, den Traum einfach nur im Herzen zu hegen und zu pflegen, anstatt herauszufinden, dass er sich vielleicht nie realisieren wird. Doch dieses Stagnieren tötet jede kreative Energie ab.

Vergessen Sie nie, dass Ihre Träume letzten Endes anderen Menschen *helfen werden*. Indem Sie das Ihre dazu beitragen, werden Sie andere inspirieren, das Gleiche zu tun. Und Ihr Traum, Heiler, Lehrer, Künstler oder Autor zu sein, wird unmittelbar allen zum Segen gereichen, deren Leben Sie berühren.

Falls Sie also nicht willens sind, aktive Schritte vorzunehmen, um sich selbst mit Ihrem Traum zu helfen, tun Sie es für alle Personen, die Ihnen wichtig sind!

Welches Thema weckt Ihre Leidenschaft? Was liegt Ihnen am Herzen, oder über was regen Sie sich besonders auf? Bei welchem Thema denken Sie häufig: *Jemand sollte hier mal was unternehmen!*

Nun, dieser Jemand sind Sie!

Geben Sie sich selbst das Versprechen, jeden Tag einen aktiven Schritt zu machen, der mit Ihrem Traum zu tun hat, wie zum Beispiel:

❀ sich über neueste Erkenntnisse zu diesem Thema informieren
❀ üben/praktizieren
❀ schreiben
❀ sich Rat bei Experten einholen
❀ Marketingstrategien entwickeln
❀ Visualisierungs-Werkzeuge entwickeln

Visualisierungs-Werkzeuge sind unter anderem aus Magazinen ausgeschnittene Fotos, Worte und inspirierende Äußerungen, die mit der Manifestierung Ihres Traumes zu tun haben. Kleben Sie diese Bilder und Sätze auf eine Schautafel, und platzieren Sie sie an einen Ort, wo Sie sie jeden Tag vor Augen haben.

Jedes Mal, wenn Sie auf Ihre Visions-Tafel schauen, sagen Sie innerlich: »*Danke, Gott, dass diese Träume sich jetzt manifestieren.*«

Stellen Sie sich immer vor, dass Ihre Träume schon jetzt, in diesem Moment, existieren. Wenn Sie Ihre Träume immer als etwas sehen, dass zu einem späteren Zeitpunkt eintritt, sorgen Sie dafür, dass sie immer in der Zukunft und somit unerreichbar bleiben.

*Selbst wenn Sie sich noch nicht ausreichend vorbereitet fühlen und hundertprozentig klar darüber sind, was Sie tun oder in welche Richtung Sie gehen sollen, tun Sie auf jeden Fall **etwas**. Selbst wenn Sie überzeugt sind, der am meisten beschäftigte Mensch der Welt zu sein, nehmen Sie aktive Schritte vor, um Ihren Traum Wirklichkeit werden zu lassen.*

Teil II

Wie Sie Selbstbehauptung in Beziehungen entwickeln können

8

Erdenengel und Beziehungen

Eine gesunde Beziehung ist eine, in der jeder frei ist, auf liebevolle Weise ehrlich mit dem anderen zu sein. In einer gesunden Beziehung werden die Bedürfnisse der Beteiligten respektiert. Konflikte lassen sich nicht vermeiden, wie stets, wenn zwei oder mehr Personen zusammen sind, doch in einer gesunden Beziehung werden diese Konflikte durch ehrliche und liebevolle Diskussionen gelöst.

Wie wir in diesem Buch immer wieder erwähnt haben, besteht das Fundament der Selbstbehauptung in Ihrer Bereitschaft, ehrlich mit sich selbst und anderen zu sein. Dies erfordert, dass Sie in Kontakt sind mit Ihren Gefühlen und Meinungen. Also müssen Sie sich erden und Ihrer physischen *und* emotionalen Gefühle sicher sein. Sie sind ehrliche Botschaften, die eine direkte Pipeline zum Himmel darstellen.

Wie Sie sich erden können

Erdenengel schweben über ihrem physischen Selbst wie ein Heliumballon an einem Faden. Sie sind von einer seligen Unbewusstheit, wenn es darum geht, wie sich ihr Körper fühlt oder was mit ihren Emotionen los ist, da sie an der Seite Gottes und der Engel des Himmels in ätherischen Höhen weilen.

Wenn es sich auch wunderbar anfühlt, mit dem Kopf in den Wolken zu schweben, könnte dies eine Ablenkung von Ihrer irdischen Lebensaufgabe zur Folge haben. Es gibt einen Grund, warum Sie in diesem physischen Körper inkarniert sind, und es ist wichtig, dass Erdenengel lernen, wie sie ihren Fokus und ihr Bewusstsein in ihren Körper bringen können.

Sie können sich erden, indem Sie Zeit in der Natur verbringen, vor allem wenn Sie barfuß gehen und in direktem Kontakt mit dem Erdboden sind. Oder Sie können sich einfach mit Bäumen und Pflanzen umgeben oder irgendwohin gehen, wo Sie von ihnen umgeben sind.

Der Verzehr von Gemüse kann Ihnen helfen, sich zu erden, vor allem Kartoffeln, Rettich, Rüben, Zwiebeln und andere Wurzelgemüse. Sie wachsen im Boden, und durch ihren Verzehr werden Sie geerdet. Achten Sie jedoch darauf, dass sie biologisch angebaut und nicht genetisch modifiziert sind.

Außerdem können Sie Ihr Bewusstsein erden, indem Sie Ihre Füße berühren – oder, noch besser, sich eine Fußreflexzonenmassage oder Pediküre gönnen.

Drücken Sie Ihre Gefühle ehrlich aus

Wenn Ihr Bewusstsein erst einmal zurück in Ihrem Körper ist, wird es Ihnen leichter fallen, mit Ihren echten körperlichen und seelischen Gefühlen in Kontakt zu kommen.

Das erlaubt Ihnen, auf Ihre Reaktionen im Umgang mit unterschiedlichen Personen zu achten. Sie werden merken, dass sich zum Beispiel in Gegenwart eines bestimmten Menschen Ihre Bauchmuskeln zusammenziehen.

Es wird Ihnen auffallen, wenn in Gegenwart einer anderen Person Ihr Herz vor Nervosität schneller zu schlagen beginnt. Und Sie werden sich bewusst, wann Sie sich durch jemand anderen gereizt, bloßgestellt oder wütend fühlen, vor allem wenn die oder der Betreffende ein bestimmtes Verhalten an den Tag legt.

Ein passiver Mensch behält seine Gefühle für sich und zeigt sie anderen nie, aus Angst, ihnen zu nahe zu treten oder sie abzustoßen. In dieser Art von Beziehung ist der passive Mensch extrem allein, weil ihn oder sie niemand wirklich kennt. Die einzige Lösung besteht darin, verletzbar und ehrlich mit anderen zu sein, damit Sie als der Mensch geliebt werden können, der Sie sind, anstatt als der, den Sie zu sein vorgeben, indem Sie sich hinter einer Maske verstecken.

Unsere Ehrlichkeit im Umgang mit anderen hat nichts damit zu tun, sie manipulieren oder ändern zu wollen. Das wäre eine aggressive oder passiv-aggressive Verhaltensweise. Wir teilen unsere wahren Gefühle mit, weil nur so gesunde Beziehungen entstehen können. Anstatt sich Sorgen zu machen über die Reaktionen des anderen, benutzen Sie diese Zeit und Energie, um Ihre Gedanken zu sammeln und sich Möglichkeiten zu überlegen, wie Sie auf eine Weise ehrlich sein können, die liebevoll und hilfreich ist.

Als Erdenengel sind Sie von Natur aus liebevoll und freundlich. Ehrlichkeit ist ein Teil dieser liebevollen und freundlichen Natur. Damit beweisen Sie Ihrem Partner, dass Sie eine lange währende und positive Beziehung mit ihm führen wollen.

In beruflichen Beziehungen gewinnen Sie durch Ihre Ehrlichkeit Respekt. Ehrliche Menschen gelten als bevorzugte Anwärter für einen Aufstieg in der Geschäftswelt. Ihre Freundlichkeit ist ein Zeichen, dass Sie Substanz und Kraft haben – etwas, das sich gesunde Unternehmen von ihren Mitarbeitern wünschen. Und Sie werden viel glücklicher sein, wenn Sie für ein gesundes Unternehmen arbeiten!

Wie wir bereits an anderer Stelle besprochen haben, werden Personen, die »unecht nett« sind, auf Anhieb als Schwächlinge erkannt, die von anderen ausgenutzt werden. »Unecht nett« zu

100

sein heißt, ein vorgetäuschtes Lächeln zu präsentieren und Dingen zuzustimmen, denen die meisten Menschen nie zustimmen würden. Jeder kann sowohl einen Menschen identifizieren, der authentisch ist, als auch jemanden, der vorgibt, glücklich zu sein, es aber offensichtlich *nicht* ist.

»Unecht nett« bedeutet außerdem, dass Sie sich der Meinung anderer beugen und nie Ihre eigenen Ideen zum Ausdruck bringen oder dafür einstehen. »Unecht nette« Menschen kriegen im Beruf selten eine Gehaltserhöhung oder Beförderung. Im Gegensatz dazu werden Personen, die echt und real sind, bewundert und befördert, weil man ihnen zu Recht vertraut. Sie werden von anderen gelobt mit Aussprüchen wie: »Sie (er) ist so echt, man weiß genau, woran man mit ihr (ihm) ist!«

Bei aller Ehrlichkeit ist es wichtig, dass Sie zu Ihren Gefühlen stehen, wie schon an anderer Stelle erwähnt. Das bedeutet, anderen keine Schuld zuzuschieben und weder vorwurfsvolle Worte noch einen scharfen Tonfall zu benutzen.

Ehrlichkeit bedeutet, aus dem Herzen zu sprechen, dem Ort der Liebe. Dies ist die höchste Form der Kommunikation, ähnlich den Engeln, die ehrlich mit Ihnen sind, auch wenn sie Ihnen Dinge sagen und Sie auf eine Weise führen, die Sie nicht gerne hören, zum Beispiel, wenn Sie liebevoll gedrängt werden, Ihre Ernährungs- oder Lebensweise zu verbessern.

Ein guter und liebevoller Freund zu sein bedeutet, auf freundliche und selbstbewusste Weise ehrlich mit dem anderen zu sein. Das bedeutet, dass Ihr Tonfall melodisch und sanft ist, ohne dass Sie sich dazu zwingen müssen. Und gleichzeitig sind Sie klar und fest in Ihrer Aussage, zum Beispiel, indem Sie Ihrem Gegenüber direkt in die Augen schauen.

Seien Sie freundlich, aber aufrichtig. Wenn Sie wütend sind, dürfen Sie auch das zeigen. Sie sind ein Mensch, und Gefühle sind menschlich. Wenn Sie authentisch und ehrlich sind, vertrauen Ihnen andere Menschen mehr, denn sie erkennen, dass Ihre Worte und Ihre Energie übereinstimmen.

Den meisten Erdenengeln graut es vor ihrer eigenen Wut. Sie haben Angst, die Kontrolle zu verlieren, wenn sie endlich ihre aufgestaute Wut herauslassen. Doch tatsächlich ist ein gelegentliches Rauslassen dieser verborgenen Emotionen vergleichbar damit, langsam die Luft aus einem Ballon zu lassen. Sie haben desto mehr Kontrolle, je weniger aufgestaute Wut Sie in Ihrem Inneren haben.

Seien Sie ehrlich mit anderen, ohne den Versuch zu machen, sie oder ihn dahin bringen zu wollen, auf eine bestimmte Art zu reagieren. Sagen Sie, wie es ist, und lassen Sie die Dinge einfach laufen. Wenn andere mit Wut reagieren, dann sind das *ihre* Gefühle. Was sie mit ihrer Wut tun, ist eine gänzlich andere Geschichte. Sie müssen nie die verletzenden Worte oder das verletzende Verhalten eines anderen hinnehmen! Es spielt keine Rolle, welcher Art Ihre Beziehung ist, oder wie sehr Sie diese Person in Ihrem Leben brauchen. Wenn man Sie anschreit, beschimpft oder in irgendeiner anderen Form bedroht, wenden Sie sich einfach ab.

Warnhinweise

Die Engel werden Sie immer davor beschützen, toxische Beziehungen einzugehen, *vorausgesetzt, Sie achten auf die Zeichen,* die sie Ihnen senden. Wenn Sie nicht darauf hören, ist es durchaus möglich, dass Sie in einer ungesunden oder missbräuchlichen Beziehung landen.

Bei Beziehungen werden diese Zeichen *Warnhinweise* genannt, warnende Botschaften, die Sie von Ihrer Intuition empfangen, den Signalen Ihres Körpers und Ihrer Engel. Wenn Sie jemanden kennenlernen, wird Ihr Bauch Ihnen sofort sagen, wie es mit der Energie des Betreffenden und der potenziellen Beziehung aussieht. Achten Sie stets darauf, wie sich Ihr Bauch in der Gegenwart dieser anderen Person anfühlt, denn er wird Ihnen die Wahrheit sagen. Das ist der Grund, warum es heißt, man solle *seinem Bauchgefühl vertrauen*.

Wenn sich Ihre Bauchmuskeln anspannen, ist das ein Zeichen, dass Sie in der Gegenwart dieses Menschen gestresst sind. Es kann auch bedeuten, dass der andere in *Ihrer* Gegenwart gestresst ist, und Sie kriegen das mit und spüren seine oder ihre Anspannung. Wie auch immer, Sie fühlen eine Spannung, und das ist in jedem Falle etwas, das Sie näher betrachten sollten, wenn Sie mit dem Gedanken spielen, ob Sie diese Beziehung eingehen wollen oder nicht.

Als Nächstes achten Sie auf das, was der andere tut, und hören Sie auf seine oder ihre Worte. Achten Sie auf Anzeichen, dass Ihr Gegenüber andere Menschen anlügt und prahlt, dass er oder sie »nicht erwischt« wurde, oder Zeichen anderer unmoralischer Tendenzen an den Tag legt. Achten Sie zudem auf alle rassistischen Äußerungen oder Witze und darauf, ob die Person in liebloser Weise über gemeinsame Bekannte redet. Es kann vielleicht amüsant sein, über andere zu klatschen oder hinter ihrem Rücken über sie zu lachen. Doch sollten Sie wissen, dass dieser Mensch über *Sie* genauso klatschen und lachen würde.

Jedes Mal, wenn Ihr Bauch sich anspannt, ist das ein Warnhinweis. Bei jedem Menschen, den sie neu kennenlernen, sollten Sie auf diese Alarmsignale achten, bevor Sie sich ihm oder ihr gegenüber ganz öffnen. Wenn Sie Warnhinweise in Bezug auf den Charakter eines Menschen spüren, dann ist dies der Versuch Ihrer Engel, Sie vor dieser Beziehung zu schützen.

Bleiben Sie standhaft!

Vielleicht sagen Sie anderen manchmal Dinge, die sie nicht hören wollen. Und Sie, als intuitiver Erdenengel, *wissen*, dass dies nicht das ist, was die anderen hören wollen. Vielleicht reagieren Sie auf die Wut oder Enttäuschung der betreffenden Person, indem Sie ehrlich mit ihm oder ihr sind. Vielleicht überlegen Sie sogar, Ihre Meinung zu revidieren. Hier braucht es Übung, um die innere Kraft zu entwickeln, standhaft zu bleiben.

Natürlich werden Sie als Erdenengel auch auf die Meinung anderer Menschen hören. Sie werden ihnen den Respekt zollen, den Sie auch für sich selbst erwarten, doch achten Sie auf die Falle, in die sensitive Menschen zuweilen stürzen und die sie veranlasst, ihre Meinungen und Gefühle zum Schweigen zu bringen, weil der andere lauter wird.

Geben Sie nicht einfach nach, nur weil jemand laut wird oder aggressiv seine oder ihre Meinung vertritt. Lassen Sie sich auch nicht auf einen Machtkampf ein. Sehr oft sind Machtkämpfe darauf zurückzuführen, dass jemand Aufmerksamkeit und Bestätigung braucht. Sie können einen Machtkampf entschärfen, indem Sie sich ruhig und souverän ausdrücken. Ihr Gegenüber spürt, dass es Sie nicht kleinmachen kann. Sie können Ihre Energie vergrößern, indem Sie tiefe Atemzüge nehmen und bei jedem Einatmen fühlen, wie Sie Kraft aus dem Zentrum der Erde ziehen, durch Ihre Fußsohlen hinauf in Ihren Körper. Visualisieren Sie Ihre Energie und Kraft als riesengroß, und die andere Person wird sich zurückziehen.

Viele Menschen wollen sich nicht ändern. Also probieren Sie es erst gar nicht, Ihre Mitmenschen ändern zu wollen. Es gibt ein altes Sprichwort, das sagt: »Man kann nicht über seinen eigenen Schatten springen.« Das bedeutet, dass Menschen grundsätzlich ihr Leben lang die gleichen Verhaltensmuster und Persönlichkeiten haben. Und dennoch sind Erdenengel immer wieder enttäuscht und überrascht von diesem sehr elementaren menschlichen Konzept.

Ich habe das selbst erfahren. Zum Beispiel bittet mich jemand, bei einer Konferenz ein Seminar zu geben, und ich merke sofort, dass der Veranstalter sehr unorganisiert ist und weder auf E-Mails noch andere Formen der Kommunikation reagiert. Doch ich rationalisiere dies als eine vorübergehende Verhaltensweise des Betreffenden. Ich projiziere meine Ideale auf andere, indem ich glaube, sie müssten genauso funktionieren wie ich. Als die Zeit für das Seminar immer näher rückte und der Veranstalter weiterhin unzuverlässig war, hätte mich das nicht überraschen sollen, denn der Betreffende war von Anfang an so mit mir umgegangen.

Ihr eigenes Selbst definieren

Erlauben Sie anderen nicht, Sie zu definieren. Die Meinung eines anderen Menschen über Sie ist nur das, eine Meinung. Es spielt keine Rolle, wie oft jemand es behauptet, oder wie laut. Es ist immer nur eine Meinung und keine Tatsache.

Wenn verächtliche oder gemeine Dinge über Sie gesagt werden, ist das eine Form von Misshandlung. Niemand hat das Recht, Sie zu beschimpfen, Ihnen zu sagen, was Sie tun können oder was nicht, oder Ihnen ein schlechtes Gefühl für sich selbst zu vermitteln. Es gibt Menschen, die unfähig sind, Anerkennung zu geben oder das Maß an Liebe, die ein Erdenengel braucht und verdient. Beten Sie für diesen Menschen, doch vergeuden Sie nicht Ihre wertvolle Zeit, indem Sie sich mit ihm oder ihr abgeben.

9

Ungesunde Beziehungen:
Wie man sie erkennt und mit ihnen umgeht

Erdenengel sind »nette« Menschen, mit großen, weit offenen Herzen, daher können sie nicht erkennen, ob sie in einer toxischen, einer ungesunden Beziehung sind. Und so bagatellisieren sie das Verhalten anderer Menschen und finden Entschuldigungen dafür: »Er wollte sich nicht so aufführen.« Oder: »Sie hatte einfach einen schlechten Tag.«

Noch viel ungesünder ist es, wenn Erdenengel sich selbst die Schuld am ruppigen Benehmen eines anderen geben: »Wenn ich nur netter (oder dünner, klüger, reicher etc.) wäre, dann würde er mich besser behandeln.« Das ist Unsinn! Übernehmen Sie nicht die Verantwortung für das brutale Verhalten anderer Ihnen gegenüber.

Erdenengel ertragen unfreundliche Beziehungen und sogar solche, in denen sie misshandelt werden, weil sie Angst haben, allein zu sein, unrecht zu haben oder verurteilt zu werden. Sie zwingen sich, über die schlechte Behandlung hinwegzusehen, indem sie sich von ihren Gefühlen abspalten.

Sich von den eigenen Gefühlen abzuspalten tut niemandem gut. Es sorgt dafür, dass Sie den Kontakt mit Ihrem physischen Körper verlieren, was dazu führen kann, dass Sie mehr essen als nötig, ohne dass Sie es merken. Außerdem kann es dazu führen, dass Sie Symptome ignorieren, die umgehend behandelt und geheilt werden müssten.

Darüber hinaus sorgt eine solche Abspaltung dafür, dass Sie Ihre Emotionen nicht spüren. Wenn Sie betäubt sind, können

Sie nicht die Botschaften Ihrer Engel hören. Ihre Sensitivität schaltet sich ab. Da die Botschaften der Engel auf der Frequenz Ihrer Einstimmung auf die himmlische Energie durchkommen, müssen Sie in Kontakt mit Ihren Gefühlen sein.

Erdenengel neigen dazu, in einer toxischen Partnerschaft zu bleiben, weil sie bisher nicht so viel Erfahrung mit zwischenmenschlichen Beziehungen hatten. Schließlich sind sie daran gewöhnt, in den höher vibrierenden Dimensionen zu existieren! Das hat dazu geführt, dass sie im gesellschaftlichen Umgang ungeschickt bis hilflos sind und sich zuweilen furchtbar einsam fühlen. Also lassen sie zu, dass *jede* Beziehung weiterbesteht, nur weil sie nicht alleine sein wollen.

Als Erdenengel sind Sie ein Lehrer für Frieden. Wenn Sie die lieblose Behandlung akzeptieren, die andere Menschen Ihnen zukommen lassen, werden diese Menschen dann lernen? Hinzu kommt, dass jemand, der *Sie* schlecht behandelt, sich gegenüber anderen definitiv genauso verhält. Indem Sie ihm oder ihr eine bessere Art des Verhaltens nahebringen, können Sie verhindern, dass andere Menschen schlecht behandelt werden.

Barsches und toxisches Verhalten

Wenn Sie einen neuen Menschen kennenlernen, wird er oder sie sich zunächst von seiner besten Seite zeigen. Sie werden allem zustimmen, was Sie sagen, auch wenn sie in Wahrheit anders denken. Es kann bis zu zwei Jahre dauern, bevor Sie das wahre Wesen des anderen erkennen.

Daher ist es wichtig für Erdenengel, in ihren Liebesbeziehungen und Freundschaften langsam vorzugehen.

Heiraten Sie Ihren Partner nicht – und lassen Sie sich auch nicht auf ein langfristiges geschäftliches Projekt mit ihm oder ihr ein –, bevor Sie nicht das wahre Wesen dieses Menschen kennen.

In jeder Beziehung gibt es eine Synergie (Energie-Austausch) zwischen den beiden Beteiligten. Solange Sie nicht authentisch sind, können Sie nicht wissen, wie gut Sie wirklich interagieren. Wenn Sie beide nicht ehrlich sind, sobald es um Ihre wahren Gefühle und Meinungen geht, und Ihre Höflichkeit und Ehrlichkeit nur vorgetäuscht ist, gibt es keine wirkliche Beziehung zwischen Ihnen.

Auf den folgenden Seiten finden Sie eine Liste der am weitesten verbreiteten Arten toxischer, also ungesunder, Beziehungen, damit Sie sie erkennen und lernen können, auf ehrliche und bestimmte Weise mit ihnen umzugehen, die sowohl für Sie als auch für die andere Person positiv ist.

Den meisten Erdenengeln ist vom Leben übel mitgespielt worden, und sie leiden unter geringer Selbstachtung und Gefühlen der Wertlosigkeit. Aus diesem Grund erkennen sie oft nicht die missbräuchlichen und toxischen Muster in ihren Beziehungen. Erdenengel wissen es nicht anders, als verletzendes Verhalten von anderen zu akzeptieren. Sie verleugnen und entschuldigen diese Art von Verhalten, während sie aber insgeheim leiden. Diese Liste wird Ihnen helfen, sich angesichts Ihrer Beziehungsmuster nicht zu schämen oder alleine zu fühlen und Ihnen darüber hinaus zu zeigen, wie Sie einen Ausweg aus diesem Dilemma finden können.

Diese toxischen Beziehungsmuster aufzuzeigen bedeutet keineswegs, dass wir die jeweiligen Individuen verurteilen. Häufig sind Erdenengel so vorsichtig mit ihrem Urteil, dass sie es mit der Akzeptanz übertreiben. Hier geht es nicht darum, einen anderen Menschen zu verurteilen; vielmehr geht es darum, sich der Dynamik innerhalb einer Beziehung bewusst zu werden.

Zuweilen sind unterschiedliche Verhaltensweisen zwischen Ihnen und Ihrem Partner der Grund für die harsche Energie in der Beziehung. Ein Beispiel: Sie sind ruhig und sanftmütig, er dagegen laut und grob. Sie sind spontan und schwimmen mit dem Strom, doch ihr geht es in erster Linie ums Planen und Organisieren.

Durch Bewusstsein und Ehrlichkeit können Unterschiede im Verhalten in harmonischer Weise diskutiert werden, wenn beide Personen bereit sind, Kompromisse einzugehen und Verständnis für den Stil des anderen aufzubringen. Wenn jedoch Misshandlungen auftreten, muss die Beziehung beendet werden und Heilung beginnen.

Diese Liste ist darauf angelegt, Ihnen die Augen zu öffnen und zu helfen, sich im Umgang mit anderen Menschen Ihrer wahren Gefühle bewusst zu werden. Außerdem bietet sie Ihnen Vorschläge an, wie Sie auf eine selbstbewusste Weise mit diesen verschiedenen Szenarien umgehen können. Es soll nicht heißen, dass Sie die Beziehung beenden oder jemanden verlassen sollen; was Sie jedoch tun sollten, ist, gut auf sich und eventuelle Kinder aufpassen, die unter einer toxischen Beziehung zwischen Ihnen und Ihrem Partner leiden könnten.

Unterbrechen

Einen Menschen, der Sie ständig unterbricht, interessiert es nicht wirklich, was Sie zu sagen haben. Solche Personen lieben es, den Klang ihrer eigenen Stimme zu hören und glauben, dass sie die interessanteste und beste Konversation zu bieten haben. Sehr oft ist der Unterbrechende jemand, der zu viel Koffein oder andere Stimulanzien konsumiert, was ihn oder sie nervös und hyperaktiv macht.

❀ **Wie sich diese Beziehung auf Sie auswirkt:** Wenn Sie in einer Beziehung mit einem solchen Menschen sind, gewöhnen Sie sich bald an, sehr schnell zu sprechen, damit Sie alles sagen können, was Sie sagen wollen, bevor Sie unterbrochen werden. Sie werden nervös, wann immer der Unterbrecher ein Gespräch mit Ihnen anfängt.

❀ **Wie Sie damit umgehen können:** Selbstbewusste Erdenengel werden jemanden gleich bei der ersten Unterbrechung stoppen und auf eine sehr ruhige und freundliche Weise sagen: »Entschuldigen Sie bitte, ich war noch nicht fertig.« Wenn Sie bei diesen Worten den Arm des Betreffenden leicht berühren, ist die Wirkung noch größer. Rufen Sie sich in Erinnerung, dass Sie der anderen Person helfen, sich einer Gewohnheit bewusst zu werden, die ihn oder sie wahrscheinlich schon lange in anderen privaten und geschäftlichen Beziehungen behindert hat. Sie zeigen dem anderen, wie man ein besserer Kommunikator wird.

Korrigieren

Korrigieren ist ähnlich wie Unterbrechen. Personen, die zu diesem Verhalten neigen, unterbrechen Sie nicht nur, sondern »korrigieren« auch noch das, was Sie gesagt haben. Vielleicht weisen sie auf Fehler in Ihrer Grammatik oder Aussprache hin, so wie Ihr alter Englischlehrer. Oder sie erzählen Ihnen viel mehr zu dem Thema, über das Sie selbst gerade sprechen.

Wenn es auch gut ist, neue Fakten und korrekte Grammatik zu lernen, wird dieses *kontinuierliche* Korrigieren des anderen bald ermüdend. Niemandem gefällt es, sich klein oder dumm zu fühlen, doch genauso kommen Sie sich vor, wenn Sie mit einem

110

solchen Menschen zusammen sind. Sie fühlen sich ihm oder ihr immer irgendwie unterlegen. Manche Menschen üben sich in ständigem Korrigieren, weil sie auf diese Weise zeigen wollen, wie sehr Sie Ihnen am Herzen liegen. Sie glauben, Ihnen durch dieses ewige »Verbessern« zu helfen. Bei einigen Menschen stellt das Korrigieren eine unbewusste Angewohnheit dar.

❀ **Wie sich diese Beziehung auf Sie auswirkt:** Nervosität und Ängstlichkeit sind im Umgang mit einem Korrektor eine normale Reaktion. Sie gehen auf Zehenspitzen und haben Angst vor dem nächsten Fehler, den Sie unweigerlich (in den Augen des Korrektors) machen werden. Leben Sie mit einem solchen Menschen zusammen, wird sich dies negativ auf Ihre Selbstachtung auswirken. Vielleicht beginnen Sie, an Ihrer eigenen Intelligenz zu zweifeln und geben Ihre Macht dem Partner, weil Sie glauben, nichts richtig machen zu können.

❀ **Wie Sie damit umgehen können:** Als selbstbewusster Erdenengel, der es versteht, sich zu behaupten, müssen Sie sich dieser Situation ganz direkt stellen, damit Sie dem Korrektor ehrlich sagen können, was Sie fühlen. Indem Sie diesem Menschen ein aufrichtiges Feedback geben, helfen Sie ihm oder ihr, bessere Beziehungen zu entwickeln. Wenn der Korrekturstil Ihres Partners Sie stört, stört er auch jeden anderen. Daher nehmen Sie das nächste Mal, wenn der oder die Betreffende Sie korrigiert, einen tiefen Atemzug und sagen: »Manchmal habe ich das Gefühl, dass du mehr mein Lehrer als mein Freund bist. Und wenn ich es auch gut finde, dass du meinen Wissensschatz vergrößerst, würde ich ein Gespräch vorziehen, bei dem wir beide unsere Gefühle teilen, anstatt dass du versuchst, mir etwas beizubringen.«

Immer eine Nasenlänge voraus

Menschen, die anderen immer eine Nasenlänge voraus zu sein glauben, haben stets alles besser gemacht als Sie, in größerem Umfang, und sie wollen unbedingt davon erzählen! Jede Geschichte, die Sie erzählen, wird noch kaum verdaut sein, bevor sie mit einer grandioseren Version überboten wird, mit *dem anderen* als Star der Handlung! Solche Menschen hören nur so lange zu, bis sie das Thema des Gesprächs kennen, um dann sofort in ihren Erinnerungen zu kramen und ihre Erfahrung dieser Situation zum Besten zu geben, die natürlich über alle Maßen erstaunlich und nicht zu überbieten ist. Diese Menschen sind so unsicher und verzweifelt auf der Suche nach Anerkennung und Wertschätzung, dass sie jedem das Scheinwerferlicht stehlen, um sich selbst darin zu baden.

🌸 **Wie sich diese Beziehung auf Sie auswirkt:** Ihr Körper sendet Ihnen Signale von Anspannung und Ablehnung. Sie fühlen sich nicht gehört und nicht geschätzt. In einer solchen Beziehung fühlen Sie sich einsam, weil die Konversation stets einseitig ist. Außerdem sind Sie enttäuscht, dass der oder die andere Ihre Begeisterung oder anderen Emotionen in Bezug auf die Erfahrung, über die Sie sprechen, nicht teilt.

🌸 **Wie Sie damit umgehen können:** Diese Menschen haben keine Ahnung, dass sie andere verärgern, stören oder abstoßen mit ihrem Überlegenheits-Komplex. Sie sind extrem einsam und wundern sich, warum andere nicht hingerissen sind von ihren Leistungen. Sie glauben, dass sie geliebt und geschätzt werden, wenn die Menschen beeindruckt sind von ihnen. Wenn sie erst einmal das Ausmaß der Einsamkeit dieser Personen und ihren verzweifelten Wunsch nach Anerkennung verstehen, ist das ein guter Ausgangspunkt für einen Erdenengel, aktiv zu werden.

Der Kern der Selbstbehauptung besteht darin, ehrlich zu sein und die Verantwortung für Ihre Gefühle zu übernehmen. Also geben Sie niemandem die Schuld, indem Sie behaupten, dass der oder die andere Sie wütend macht. Vielmehr ist es sein oder ihr *Verhalten*, das dieses Gefühl bei Ihnen auslöst. Sagen Sie dem Besserwisser, dass Sie ihn oder sie schätzen, sofern dies Ihrem wahren Gefühl entspricht. Verzichten Sie auf solche Komplimente, wenn sie nicht ehrlich gemeint sind. Das würde sonst bedeuten, dass Sie die andere Person manipulieren und ihre Reaktionen auf Sie zu kontrollieren versuchen, was unehrlich und ungesund ist. Erklären Sie Ihrem Partner, dass Sie gerne Ihre eigene Erfahrung zum Besten geben und sich an den Einzelheiten erfreuen möchten, ohne sofort die Rollen zu tauschen und über seine Erfahrungen zu reden. Sagen Sie dem anderen, dass das Teilen von Erfahrungen vergleichbar ist mit einem köstlichen Mahl, und dass Sie jeden Gang einzeln und der Reihe nach auskosten wollen.

Bedürftiges Klammern

Menschen, die klammern, sind unsicher und hängen sich an jeden, der ihre Existenz bestätigt, indem er ihnen Aufmerksamkeit schenkt. Als liebevoller Erdenengel können Sie spüren, wenn solche Menschen Liebe brauchen. Das Problem ist jedoch, dass ihre Bedürftigkeit so unstillbar ist, dass weder Sie noch jemand anderes sie erfüllen kann. Diese Menschen rufen ständig an oder schicken Ihnen Texte und E-Mails. Vielleicht stattet er oder sie Ihnen auch unangemeldete Besuche ab. Diese Personen haben wahrscheinlich eine falsche Vorstellung von der Tiefe Ihrer Freundschaft und glauben irrtümlich, dass Sie beste Freunde sind, wenn Sie in Wahrheit aber nur flüchtige Bekannte sind.

❀ **Wie sich diese Beziehung auf Sie auswirkt:** Ein Mensch mit einer derartigen Bedürftigkeit sorgt dafür, dass Sie sich ständig über die Schulter schauen in dem Bemühen, ihm oder ihr aus dem Weg zu gehen. Sie fangen an, sich schuldig zu fühlen, weil Sie wissen, dass der Betreffende Ihre Gesellschaft genießt und das Gefühl hat, Sie zu brauchen, auch wenn in spiritueller Hinsicht kein Mensch einen anderen als seine Quelle braucht.

❀ **Wie Sie damit umgehen können:** Es ist wichtig für Sie als selbstbewusstem Erdenengel, die Wahrheit immer liebevoll auszusprechen. Also müssen Sie den Mut aufbringen, diesen Menschen wissen zu lassen, dass Sie ziemlich viel zu tun haben. Dass Sie mit arbeitsintensiven Projekten beschäftigt sind und mehr Raum brauchen. Dieser unsichere Mensch wird sich wahrscheinlich verletzt fühlen und Ihre Worte persönlich nehmen, doch Sie können nicht Ihr ganzes Leben auf einer Warteschleife verbringen, um jemanden zu verhätscheln. Auf diese Weise unterstützen Sie ungesundes Verhalten, indem Sie vorgeben, Freunde zu sein. Vielleicht gibt es jemand anderen, der die Gesellschaft dieses Menschen wirklich genießen würde, und wenn Sie den Weg frei machen, indem Sie ehrlich sind, schaffen Sie den Raum, damit ein passenderer Mensch in das Leben des oder der Betreffenden kommen kann.

Stalking

Stalker bringen das bedürftige und klammernde Verhalten auf eine ganz neue und manchmal gefährliche Stufe. Fast immer handelt es sich dabei um einen ehemaligen Liebhaber, der nicht loslassen will. Er oder sie taucht an Ihrer Arbeitsstelle, Ihrem Wohnort oder dem Ihrer Freunde auf. Er ruft Sie ständig an und bettelt unaufhörlich, zu ihm oder ihr zurückzukommen. Sehr häufig sind diese Bitten von dem Versprechen begleitet, dass er oder sie sich dieses Mal »ehrlich« gebessert habe. Wenn Sie der Bitte dieses Menschen nicht nachkommen, kann sich sein Verhalten zu Drohungen oder sogar Misshandlung steigern.

❋ **Wie sich diese Beziehung auf Sie auswirkt:** Für manche Menschen stellt die Tatsache, von einem Stalker verfolgt zu werden, eine fehlgeleitete Steigerung für ihre Selbstachtung dar. Doch machen Sie sich nichts vor, ein Stalker ist nicht jemand, der Sie liebt. Er will Sie besitzen und kontrollieren. Das ist das Gegenteil wahrer Liebe. Wenn der Stalker Ihnen sagt, dass sein oder ihr Leben ohne Sie ruiniert ist, oder wenn er droht, Selbstmord zu begehen, wenn Sie nicht zurückkommen, kann dies zur Folge haben, dass Sie von Schuldgefühlen und Sorgen gepeinigt werden. Dieser Mensch hat Ihnen wahrscheinlich große Angst eingeflößt und Sie sogar schlaflose Nächte gekostet. In extremen Fällen mussten Sie vielleicht sogar eine einstweilige richterliche Verfügung beantragen, um ihn oder sie von sich fernzuhalten.

❋ **Wie Sie damit umgehen können:** Geben Sie dieser Person nicht die Befriedigung, indem Sie sich mit ihr direkt auseinandersetzen, egal in welcher Form. Jegliche Antwort, die Sie ihm oder ihr anbieten, ermutigt ihn, Sie weiter zu verfolgen. Sorgen Sie dafür, dass die Telefonnummer des Betreffenden von Ihrem Anschluss blockiert wird, oder wenn nötig, ändern Sie Ihre eigene Nummer. Blockieren Sie ihn oder sie ebenso auf Ihren E-Mail- oder Social Media-Seiten. Achten Sie darauf, jeden Kontakt mit diesem Menschen zu vermeiden. Sollte es in der Vergangenheit zu Formen von Gewalt gekommen sein, wenden Sie sich an die entsprechenden Behörden und beantragen eine einstweilige Verfügung.

Nehmen Sie eventuelle Drohungen nicht auf die leichte Schulter. Stalker haben schon viel zu häufig Gewaltverbrechen begangen. Wenden Sie sich an Erzengel Michael mit der Bitte, dieses Individuum für immer aus Ihrem Leben zu verbannen, und versprechen Sie sich selbst, dass Sie bei allen zukünftigen Beziehungen, in denen es Zeichen von extremer Eifersucht, kontrollierendem Verhalten oder Stalking gibt, sofort das Weite zu suchen.

Du bist schuld!

Personen, die Schuldgefühle auszulösen wissen, sind Meister im Manipulieren, wenn es darum geht, ihre Absichten durchzusetzen. Ein Nein akzeptieren sie nicht. Sie haben eine gut einstudierte Trickkiste, aus der sie sich bedienen, um andere zu bedrängen und zu bekommen, was sie wollen. Vielleicht vergießen sie Tränen und drohen, sich was anzutun, klagen, dass niemand sie liebt, oder erinnern Sie an Zeiten, wo sie Ihnen geholfen haben.

❀ **Wie sich diese Beziehung auf Sie auswirkt:** Sie sind verärgert oder sogar wütend darüber, gegen Ihren Willen gedrängt zu werden, haben jedoch gleichzeitig das Gefühl, keine Chance zu haben und den Wünschen des Sie Anklagenden nachkommen zu müssen. Wenn Sie sich durch Schuldgefühle oder angedeutete Verpflichtungen gedrängt fühlen, ist dies ein Zeichen, dass Sie manipuliert werden.

❀ **Wie Sie damit umgehen können:** Indem Sie den anderen direkt konfrontieren, werden Sie sein oder ihr spirituelles Wachstum beschleunigen. Menschen, die andere mit Schuldgefühlen manipulieren, sind es nicht gewohnt, ein Nein zu hören, doch ist diese Erfahrung gut für ihr spirituelles Wachstum. Schließlich haben sie keine engen Beziehungen zu anderen, weil sie keine authentischen Verbindungen mit einem anderen Menschen haben. Ihre Beziehungen sind ausnahmslos egozentrischer Natur. Indem Sie also dem Betreffenden ein klares Nein sagen und sich ohne Schuldgefühle oder Entschuldigungen daran halten, geben Sie ihm oder ihr die Möglichkeit, spirituell zu wachsen. Der Heraufbeschwörer von Schuldgefühlen wird entweder ein neues Opfer finden, das er bedrängen kann, oder er wird erkennen, dass diese Methode weder gesund noch effektiv ist. Das gilt vor allem dann, wenn alle Personen in Ihrem Umfeld übereinkommen, dieses Verhalten nicht länger zu dulden und Nein zu sagen zu allen Bitten oder Forderungen, die auf Schuldzuweisung basieren.

Süchtig nach Wut

»Wut-Süchtige« sind süchtig danach, wütend zu sein. Bei der geringsten Provokation werden sie wütend und müssen es sofort allen verkünden. Ein solcher Mensch hat ein hitziges Tem-

117

perament und neigt zum Jähzorn. Er oder sie kann anderen einen emotionalen, verbalen oder sogar physischen Schmerz zufügen. Wut-Süchtige haben immer eine Rechtfertigung auf Lager, warum sie wütend sind und übernehmen nur selten die Verantwortung für ihr Verhalten.

❧ **Wie sich diese Beziehung auf Sie auswirkt:** Als Erdenengel, der am liebsten jeden Konflikt vermeiden würde, sind Sie hochsensitiv für die Energie der Wut. Daher gehen Sie im Umgang mit wütenden Menschen auf Zehenspitzen und tun alles Menschenmögliche, um sie zu besänftigen. Unter Umständen nehmen Sie sogar die Schuld für den Zorn des oder der Betreffenden auf sich, vor allem wenn sie brüllen, dass alles alleine Ihre Schuld sei.

❧ **Wie Sie damit umgehen können:** Wut-Süchtige kommen in der Regel aus dysfunktionalen Familien und brauchen professionelle Therapie, um sich ihrer Wut-Sucht zu stellen. Aus diesem Grund wird Ihre Liebe allein ihre Tendenz zu Wutanfällen nicht entwirren. Dies sind Personen, die über alles und jeden in Wut geraten.

Lassen Sie den Traum los, den magischen Schlüssel finden zu können, der dem anderen endlich zu Glück und Frieden verhelfen wird. Reißen Sie sich nicht länger ein Bein aus, und verkrampfen und verdrehen Sie sich nicht länger in dem Wunsch, einem solchen Menschen gefallen zu wollen. Dies ist eine Beziehung, die Sie beenden oder von der Sie sich distanzieren müssen, es sei denn, der andere verpflichtet sich zu einer intensiven Therapie.

Unzuverlässigkeit

Unzuverlässige Menschen versprechen, Ihnen zu helfen, tun es aber nicht. Sie vergessen Termine mit Ihnen, erscheinen nie pünktlich zu Verabredungen, und man kann sich nicht darauf verlassen, dass sie ihren Verpflichtungen nachkommen.

❀ **Wie sich diese Beziehung auf Sie auswirkt:** Erdenengel mit geringer Selbstachtung fühlen sich in dieser Beziehung ungeliebt und nicht wertgeschätzt. Sie beginnen zu denken, dass dies Ihr Fehler ist und dass – wenn Sie nur »besser« wären – der oder die Betreffende zuverlässiger wäre. Als Erdenengel mit hoher Selbstachtung erkennen Sie jedoch, dass Sie es mit einem unzuverlässigen Menschen zu tun haben und dass es nicht Ihr Fehler ist. Aus diesem Grund kann es sein, dass diese Beziehung Sie wütend macht und dazu verleitet, sich über Ihren unzuverlässigen Freund/Freundin zu beschweren.

❀ **Wie Sie damit umgehen können:** Der selbstbewusste Erdenengel stellt sich allen Situationen direkt. Bei einem unzuverlässigen Menschen müssen Sie feste und klare Grenzen ziehen. Das nächste Mal, wenn der Betreffende sich mit Ihnen verabredet, erklären Sie ihm, dass Ihre Zeit wertvoll ist und dass Sie gehen müssen, falls er oder sie nicht spätestens 15 Minuten nach der vereinbarten Uhrzeit erscheint. Im Umgang mit diesem Menschen müssen Sie rechtzeitig Grenzen setzen, oder es kann sein, dass Sie sich irgendwann als Opfer fühlen – was Sie nicht sind!

Neugierde

Für Wichtigtuer ist es ein Vergnügen, ihre Nase in die Angelegenheiten anderer Menschen zu stecken und auf diese Weise für ihr persönliches Amüsement zu sorgen. Sie relativieren ihre eigene Unsicherheit, indem sie stolz darauf sind, die intimen Einzelheiten aus dem Leben anderer Menschen zu kennen – die sie dann als den neuesten Klatsch verbreiten. Vielleicht lösen sie sogar Dramen in ihrem Bekanntenkreis aus und genießen es zu sehen, wie sie sich entfalten. Dieses Verhaltensmuster ist als »Aufwiegeln« bekannt. Die Betreffenden benutzen diesen Vorwand und hinterlistigen Trick häufig, um Sie dazu zu bringen, persönliche Details zu erzählen, die sie dann sofort weiterplappern.

❀ **Wie sich diese Beziehung auf Sie auswirkt:** Diese Art der Beziehung kann verwirrend sein, es sei denn, Sie sind im Kontakt mit Ihren Gefühlen und vertrauen ihnen. Ein Erdenengel, dem diese Art des Verhaltens noch unbekannt ist, kann neugierige Fragen als Zeichen missdeuten, dass jemand ihn oder sie tatsächlich mag.

❀ **Wie Sie damit umgehen können:** Wenn Sie das Gefühl haben, einem anderen liegt nichts an Ihnen oder Ihrem Leben, sondern er ist nur begierig darauf, zu seiner eigenen Unterhaltung Details zu erfahren, so als seien Sie eine Reality-Show, *vertrauen Sie diesem Gefühl*. Füttern Sie den Hai nicht länger! Geben Sie ihm oder ihr keine weiteren Informationen über Ihr Leben. Wenn Ihnen intime Fragen gestellt werden, lautet die direkte und ehrliche Antwort: »Ich würde lieber nicht darüber sprechen.« Wenn Sie Neugierigen dies

120

oft genug sagen, werden sie sich ein anderes Opfer suchen. Oder werden – im Optimalfall – aufwachen und mit ihrem dysfunktionalen und verletzenden Verhalten aufhören.

Übellaunigkeit

Griesgrämige Menschen sind oft schlechter Laune, entweder weil sie physische Schmerzen haben, einen Kater nach Alkohol- oder Drogenmissbrauch, oder weil sie alle anderen für ihr Unglück verantwortlich machen. In extremen Fällen kann Übellaunigkeit zu psychologischem oder verbalem Missbrauch führen.

❀ **Wie sich diese Beziehung auf Sie auswirkt:** Es ist grundsätzlich kein Vergnügen, mit griesgrämigen Personen zusammen zu sein, vor allem wenn Sie dieses Verhalten persönlich nehmen und sich die Schuld daran geben. Wenn der oder die Betreffende anfängt, Sie zu beschimpfen oder verbal zu attackieren, wird Ihre Selbstachtung verletzt, und Depressionen können die Folge sein.

❀ **Wie Sie damit umgehen können:** Egal, welchen Grund ein Mensch für seine Übellaunigkeit angibt, ihm oder ihr ist dennoch nicht gestattet, Ihre Grenzen zu überschreiten. Es gibt nie eine Entschuldigung dafür, einen anderen Menschen mit unfreundlichen Äußerungen zu verletzen. Also machen Sie Ihre Grenzen klar, und dulden Sie keine Ausnahmen. Sollte diese Person weiterhin Ihre Grenzen missachten, müssen Sie die Situation verlassen oder sich distanzieren. Übergeben Sie jegliche Schuldgefühle dem Himmel, damit er sie heilt und verwandelt (und lesen Sie das Kapitel 6 »Schuldgefühle und Angst loslassen«).

121

Die Tendenz, andere anzuklagen

Anklagende Menschen leiten ihre eigenen Schuldgefühle auf andere ab. Sie hören niemals auf die Stimme der Vernunft und neigen dazu, voreilige Schlüsse zu ziehen. Sie sind sehr unangenehme Zeitgenossen, weil sie mit ihren unbegründeten Anklagen und Vorwürfen immerzu irgendwelche Dramen verursachen.

* **Wie sich diese Beziehung auf Sie auswirkt:** Wenn Sie sich mit den Spielen eines Anklägers nicht auskennen, kann es sein, dass Sie ihm voll in die Hände fallen. In diesem Falle werden Sie seine oder ihre Vorwürfe akzeptieren, was dazu führt, dass Sie sich schuldig und schlecht fühlen. Wenn Sie dieses Spiel jedoch durchschauen, werden Sie verstehen, dass es nicht Ihr Fehler ist und mit Zorn, Verletzung oder Konfusion reagieren. Unter Umständen lassen Sie sich dann auf eine Schlacht von Schuldzuweisungen und Vorwürfen ein, bei der Sie einander in einem nie endenden Kampf Anklagen an den Kopf werfen.

* **Wie Sie damit umgehen können:** Ein solcher Mensch ist immer auf der Suche nach einem Kampf, daher wird buchstäblich alles, was Sie sagen, in den Mixer seiner oder ihrer Denkweise gestopft und zu etwas umgewandelt, das mit dem, was Sie gesagt haben, nichts mehr zu tun hat. Diese Person hat in der Regel völlig den Kontakt mit der Realität verloren und hört nur noch auf die verdrehte Logik ihres oder seines Egos. Daher geht der selbstbewusste Erdenengel die Situation direkt an, erkennt aber gleichzeitig die Vergeblichkeit einer Auseinandersetzung.

Wenn Sie die Anklagen ohne Protest einfach hinnehmen, kann es sein, dass sie immer umfassender werden, egal ob in Ihrer Familie, Firma oder Ihrem sozialem Umfeld. Sie müssen sich jedoch nicht auf eine Endlosschleife kontinuierlicher Selbstverteidigung einlassen. In der Regel gibt es nur einen Weg, mit Anklägern umzugehen, nämlich indem Sie sehr bestimmt und lautstark auftreten und dem Betreffenden sagen, dass er mit seinen Anklagen unrecht hat.

Doch achten Sie darauf, dem anderen nicht die gleichen Anklagen an den Kopf zu werfen oder ihn auf andere Art runterzuputzen. Halten Sie die Konversation klar, kurz und auf den Punkt gebracht. Falls es sich dabei um eine geschäftliche Situation handelt und Sie sich Ihrer Unschuld sicher sind, sollten Sie vielleicht darauf hinweisen, dass unzutreffende Anklagen üble Nachrede bedeuten und daher gesetzeswidrig sind.

Opferrolle/Märtyrertum

Märtyrer sind ewige Opfer, Kläger und Nörgler. Ihre Weltsicht besagt, dass die anderen immer »gegen mich armes Opfer« sind. Wahrscheinlich hatten sie ihr Leben lang das Gefühl, dass andere sich über sie lustig und zum Ziel ihres Spotts machen. Sie sind aufgewachsen in dem Glauben, von allen schikaniert zu werden. Diese Individuen werden Ihnen äußerst detailliert von jedem Erlebnis berichten, bei dem sie ausgenutzt wurden.

In den meisten Fällen haben diese Personen eine sehr geringe Energie und befinden sich an der Grenze zur Depression. Sie suchen nicht nach Lösungen, sondern lediglich nach Anerkennung, die sich darin ausdrückt, dass man sie ständig bemitleidet.

❀ **Wie sich diese Beziehung auf Sie auswirkt:** Es ist kräfte-zehrend, mit Opfer-Märtyrern zusammen zu sein, weil sie ständig über das tiefe schwarze Loch reden, in dem sie sich befinden. Am Anfang werden Sie entsetzt sein, wie sehr und wie oft dieser Mensch in seinem oder ihrem Leben schlecht behandelt worden ist. Und vielleicht werden Sie schlaflose Nächte verbringen, weil Sie sich sorgen, wie er oder sie in dieser Welt überleben kann. Doch nach einer Weile merken Sie, dass dieser Mensch eine erstaunlich lange Serie von Missgeschicken aufzuweisen hat, weit jenseits aller statistischen Möglichkeiten. Außerdem fällt Ihnen auf, dass der oder die Betreffende jegliche Vorschläge und Ratschläge ablehnt. Er oder sie wird sagen: »Oh, das habe ich schon versucht, und hier ist der Grund, warum es nicht funktioniert hat …«

❀ **Wie Sie damit umgehen können:** Da Opfer-Märtyrer nach Rettern Ausschau halten, um schließlich ihren Rettern zu grollen und sie anzuklagen, sollten Sie möglichst nicht viel Zeit mit dieser Beziehung vergeuden. Es gibt jede Menge echter Opfer, die wirklich Hilfe suchen und den Wunsch haben, ihr Leben zu verbessern. Es hat keinen Sinn, Zeit mit jemanden zu verbringen, der nur klagen will. Eine direkte und selbstbewusste Herangehensweise wäre, diesem Menschen ehrlich zu sagen, dass Sie ihn in Ihre Gebete einschließen und um göttliche Führung bitten werden, wie Sie ihm oder ihr helfen können. Stellen Sie klar, dass Sie alle Ihre Führung direkt von Gott empfangen. Und dann halten Sie sich an diese Intention.

Bitte machen Sie sich keine Sorgen: Der Opfer-Märtyrer ist äußerst begabt, wenn es darum geht, Retter zu finden.

Wenn Sie diese Rolle nicht annehmen, wird über kurz oder lang jemand anderes kommen, der es tun wird.

Kontrollierendes Verhalten

Kontrollierende Menschen müssen ständig über alles und jeden Bescheid wissen und die Fäden in der Hand halten. Wenn sie nicht die Kontrolle haben, reagieren sie unreif und wütend. Sie werden schmollen und brüllen, bis sich jeder ihrem Willen beugt. Diese Menschen sind extrem unangenehm, und anstatt Liebhabern und Freunden haben sie Untergebene.

❀ **Wie sich diese Beziehung auf Sie auswirkt:** Wenn dies eine Beziehung ist, bei der Sie das Gefühl haben, ihr nicht entfliehen zu können, werden Sie in der Nähe dieses Menschen immer nervös und ängstlich sein, vor allem wenn es jemand ist, der darauf besteht, dass Sie seinen oder ihren Willen als oberstes Gebot befolgen. Hierbei handelt es sich in der Regel um Personen, die verborgenen Regeln folgen, und wenn Sie aus Versehen eine ihrer Regeln missachten, werden Sie entweder direkt oder durch passiv-aggressives Verhalten des Betreffenden bestraft, was unter Umständen zu gefährlicher Misshandlung führen kann.

❀ **Wie Sie damit umgehen können:** Kontrollierende Menschen leiden in der Regel unter tiefsitzenden Verlassensängsten, und die einzige Möglichkeit, sich sicher und stabil zu fühlen, sehen sie in dem Versuch, alles und jeden in ihrer Umgebung zu kontrollieren. Es ist unwahrscheinlich, dass Sie dem Betreffenden ohne die langfristige Hilfe eines erfahrenen Therapeuten bei seinen oder ihren Unsicherheiten helfen können. Doch da der Kontrollierende glaubt, dass die anderen das Problem sind, ist nicht anzunehmen, dass er oder sie mit dem Umfang der Therapie, die erforderlich ist, einverstanden wäre. Wenn es sich bei dem Betreffenden um ein Familienmitglied handelt und Sie aus diesem Grund mit ihm in Kontakt sein müssen, ist es dennoch nicht erforderlich, sich auf einen Machtkampf einzulassen. Es wäre sinnlos, und es würde nur Verlierer geben.

Als selbstbewusster Mensch, der sich durchsetzen kann, haben Sie Ihrer eigenen Selbstachtung gegenüber die Verpflichtung, mit jedem Menschen ehrlich und direkt in Bezug auf Ihre Gefühle zu sein. Nur dürfen Sie von dem anderen nicht erwarten, dass er sich genauso verhält. Halten Sie Ihre Konversation mit der kontrollierenden Person so kurz wie möglich, und verbringen Sie Ihre Zeit lieber mit angenehmeren Menschen, mit denen Sie leichter klarkommen.

Ständiges Herumkaspern

Ein Mensch mit dieser Veranlagung macht ständig Witze, anstatt Ihnen zuzuhören, und lenkt jedes ernsthafte Gespräch mit Humor ab, der manchmal auch unpassend sein kann.

❀ **Wie sich diese Beziehung auf Sie auswirkt:** Vielleicht fühlten Sie sich ja zu Beginn von ihrem oder seinem Sinn für Humor angezogen, den Sie mittlerweile jedoch gar nicht mehr lustig finden. Heute sehen Sie diesen Menschen als unreif und unfähig, tiefe und ernste Gespräche zu führen.

❀ **Wie Sie damit umgehen können:** Jeder Mensch hat eine ernste Seite und echte Gefühle. Ewige Clowns und Witze-

126

macher verteidigen sich gegen ihre eigenen tiefsitzenden, schmerzhaften Emotionen, indem sie sich lieber an der Oberfläche des Lebens aufhalten. Machen Sie sich bewusst, dass Sie beide einen verschiedenen Stil haben, und versuchen Sie nicht, diesen Menschen oder sich selbst zu ändern. Selbstbewusste Erdenengel erkennen, dass nicht jeder so ist wie sie oder gar kompatibel mit ihnen.

Im Umgang mit dem ewigen Clown ist es am besten, ehrlich über Ihre Gefühle zu sprechen. Berühren Sie seine Hand, schauen Sie ihm in die Augen und sagen Sie: »Ich hatte gehofft, wir könnten eine tiefere und ernsthaftere Seite unserer Beziehung entwickeln, um die verspielte Seite auszugleichen, die ich an dir so mag.«

Der ewige Clown, der wahrscheinlich schon in der Schule wegen seiner ständigen Witzeleien und Streiche oft angeeckt ist, wird angenehm überrascht sein, dass jemand sich die Zeit nimmt, um ihn oder sie auf einer tieferen Ebene kennenzulernen.

Dies ist ein Beispiel für eine toxische Beziehung, die Sie mit Beständigkeit und einer Dosis Ehrlichkeit *tatsächlich* entgiften können.

Lautstärke

Es wird immer Menschen geben, die übertrieben laut reden und lachen. Wo immer sie hingehen, sind sie diejenigen, die am lautesten sind. Wenn Sie versuchen, ein privates Gespräch mit diesen Personen zu führen, brüllen sie sämtliche Einzelheiten so laut heraus, dass alle in der Umgebung es hören können.

In der Regel wuchsen die Betreffenden in einer lautstarken Familie heran, wo sie um Anerkennung kämpfen mussten.

❀ **Wie sich diese Beziehung auf Sie auswirkt:** Wenn Sie extrem sensitiv für Geräusche und Töne sind, können Sie die Stimme dieses Menschen als physisch und energetisch schmerzhaft empfinden. Wenn Sie zusammen in der Öffentlichkeit sind, könnte es Ihnen peinlich sein zu erleben, wie seine oder ihre laute Stimme und Lachen andere Menschen stört. Vor allem könnten *Sie* sich gestört fühlen, weil Sie lieber eine sanftere und ruhigere Beziehung mit diesem Menschen hätten.

❀ **Wie Sie damit umgehen können:** Weil laute Menschen sich ihrer Wirkung nicht bewusst sind oder glauben, dass es nicht so schlimm ist, brauchen sie einen Reality-Check. Wenn Ihnen der Betreffende sehr am Herzen liegt und Sie die Beziehung fortsetzen wollen, müssen Sie ihm oder ihr die Wahrheit sagen. In der Regel hat jemand, der übermäßig laut ist, zwar eine raue Schale, aber ein empfindsames Innenleben. Also müssen Sie direkt genug sein, damit er Sie hört, aber nicht so schonungslos, dass Sie seinen oder ihren unsicheren Kern zerstören.

Und manchmal haben laute Menschen schlicht und einfach Hörprobleme. Dann kann Ihre Ehrlichkeit sie dazu veranlassen, zum Arzt zu gehen und sich ein Hörgerät verschreiben zu lassen.

Drogen- und Substanzmissbrauch

Hier haben wir einen Menschen, der süchtig ist nach stimmungsverändernden Substanzen wie zum Beispiel Alkohol, verschreibungspflichtige Medikamente oder Drogen; oder sogar von der Gesellschaft akzeptierte chemische Substanzen, die unter anderem im Zucker, Koffein, Nikotin oder Schokolade enthalten sind. Ihre oder seine Persönlichkeit verändert sich, je nachdem, ob die Substanz gerade konsumiert wurde oder nicht. Der Betreffende kann aggressiv oder lethargisch, nervös, ängstlich oder streitlustig sein und Stimmungsschwankungen haben.

❀ **Wie sich diese Beziehung auf Sie auswirkt:** Ko-Abhängigkeit ist ein Begriff, mit dem die Beziehung eines Menschen beschrieben wird, der einen Drogensüchtigen liebt. Die ko-abhängige Person gibt sich selbst die Schuld an der Sucht des Partners – ein Szenario, das oft noch verstärkt wird, indem der Süchtige der ko-abhängigen Person die Schuld an seiner Sucht gibt. Er oder sie sagt: »Du hast mich so wütend gemacht, dass ich jetzt unbedingt einen Drink brauche!«

Ko-abhängige Menschen neigen dazu, ängstlich zu sein, voller Schuldkomplexe, Scham und Reue. Häufig werden sie selbst auch süchtig, vor allem nach Nahrungsmitteln wie Zucker oder weißem Mehl, um ihre eigenen Gefühle zu unterdrücken. Sie würden die Beziehung gerne beenden, doch ihre Angst und Schuldgefühle erlauben es nicht. Wenn sie sich dennoch trennen, passiert es häufig, dass sie sich sofort auf die nächste Sucht-Beziehung einlassen, bis sie irgendwann eine Psychotherapie machen, um die Gründe herauszufinden, warum sie einen Süchtigen als Partner wählen.

❀ **Wie Sie damit umgehen können:** Wenn Sie auch nur eine einzige Beziehung mit einem Süchtigen hatten und noch immer darunter leiden, oder wenn Sie gegenwärtig in einer Beziehung mit einem Menschen sind, der nach wie vor süchtig nach Alkohol, Drogen oder ähnlichen Substanzen ist, brauchen Sie Unterstützung. Die kostenlosen 12-Schritte-Programme der *Anonymen Alkoholiker* und *Al-Anon* sind

129

bewährte Möglichkeiten, um Kraft, Hilfe und den Verstand wiederzufinden. Sie können sowohl die Adressen und Termine dieser internationalen Foren im Internet finden als auch kostenlose virtuelle Gruppenmeetings.

Mangelnde Grenzen

Ein Mensch, der persönliche Grenzen anderer nicht respektiert, hat kein Gefühl für die Privatsphäre anderer Menschen. Er oder sie neigt dazu, ohne zu fragen Dinge, die Ihnen gehören, »auszuleihen«, um dann nicht gut darauf zu achten oder sie gar zurückzugeben. Außerdem zeigt er mangelnden Respekt für Ihre emotionalen Grenzen, indem er Ihnen unerwünschte Ratschläge, Urteile und Meinungen anbietet.

❀ **Wie sich diese Beziehung auf Sie auswirkt:** Sie werden in der Gegenwart dieses Menschen einen Mangel an Kontrolle fühlen und würden am liebsten weit weg gehen und denjenigen nie wiedersehen. Wenn Sie einen Menschen, der keine Grenzen anerkennt, in Ihrem Leben haben müssen, weil er oder sie mit Ihnen verwandt oder auf eine andere Art eng mit Ihnen verbunden ist, wissen Sie, dass diese Art von Mensch Sie verrückt machen kann. Sie werden frustriert sein, wann immer Sie gezwungen sind, Zeit mit ihm oder ihr zu verbringen. Die Betreffenden können zwar liebevoll sein und Ihnen zeigen, dass sie Sie wirklich mögen, aber die Art, wie sie es tun, ist einfach ganz und gar respektlos.

❀ **Wie Sie damit umgehen können:** Da diese Verhaltensweise wahrscheinlich in der Kindheit anerzogen wurde, ist kaum anzunehmen, dass sich dieser Mensch als Erwachsener wesentlich anders verhält. Das Beste, was Sie tun können, ist, ehrlich zu sein und immer wieder Ihre Parameter und Grenzen zu erwähnen.

Wenn Sie beispielsweise mit diesem Menschen zusammenleben, ist es sehr wichtig, dass Sie genug Privatraum und ein eigenes Schlafzimmer haben. Hängen Sie ein Schloss und ein »Bitte nicht stören«-Schild an die Tür, und zeigen Sie klar und deutlich, welche Art von Verhalten Sie akzeptieren und welche nicht. Dieser Mensch wird in der Regel auf Ihre wiederholten ehrlichen Worte hören, selbst wenn er oder sie nicht einverstanden ist mit dem, was gesagt wird.

Verbale Misshandlungen

Diese Menschen werden schnell ausfällig mit verletzenden Worten. Manchmal geben sie vor, nur zu scherzen, und bestehen darauf, dass alle, die sich dadurch angegriffen oder beleidigt fühlen, keinerlei Sinn für Humor haben. »War doch nur ein Scherz!«, werden sie zu ihrer Verteidigung sagen. Zu anderen Zeiten werfen die Betreffenden diese Beleidigungen und Beschimpfungen um sich, und die wütende Energie hinter ihren Worten ist deutlich spürbar.

❀ **Wie sich diese Beziehung auf Sie auswirkt:** Beschimpfungen können sogar noch verletzender sein als physische Misshandlung, besonders für jemanden, der ein sensitives, vertrauensvolles und offenes Herz hat. Die Wunden, die auf verbale Misshandlung zurückzuführen sind, können ein Leben lang bestehen bleiben, was zu geringer Selbstachtung oder einem Suchtverhalten führt mit dem Ziel, emotionale Schmerzen zu überdecken.

❀ **Wie Sie damit umgehen können:** Verbale Misshandlung, Beschimpfungen und Beleidigungen sind nie und unter keinen Umständen akzeptabel! Wenn jemand Sie im Laufe einer hitzigen Diskussion beschimpft und sich später ehrlich dafür entschuldigt und dieses Verhalten nicht wiederholt, kann die Beziehung heilen. Wenn das beleidigende Verhalten jedoch fortgesetzt wird, sollten Sie sich zwecks Unterstützung an einen vertrauten Menschen wenden, an einen professionellen Berater oder eine Selbsthilfegruppe. Falls die zu verbaler Misshandlung neigende Person ein Elternteil ist oder jemand, mit dem Sie zusammenleben, ist es sehr wichtig, dass Sie sofort Hilfe suchen, damit sich keine tiefliegenden emotionalen Narben bilden. Je schneller Sie Hilfe und Unterstützung erfahren, desto wahrscheinlicher ist es, stark und gesund aus dieser Erfahrung hervorzugehen.

Grobheit

Rücksichtslose Menschen texten zum Beispiel immer SMS, wenn Sie versuchen, ein Gespräch mit ihnen zu führen; oder sie nehmen einen Anruf entgegen, wenn Sie gerade mit ihm oder ihr telefonieren; und wenn Sie reden, schauen Sie anderen Leuten nach, anstatt sich auf Sie zu konzentrieren.

❀ **Wie sich diese Beziehung auf Sie auswirkt:** Wenn Sie mit einem unhöflichen, groben Menschen verwandt sind, fühlen Sie vielleicht emotionalen Schmerz, weil sein oder ihr Verhalten einen Mangel an Liebe und Respekt für Sie signalisiert. Wenn der Betreffende ein Freund oder Liebhaber ist, träumen Sie eventuell davon, ihm oder ihr die Meinung zu sagen oder die Beziehung zu beenden.

❀ **Wie Sie damit umgehen können:** Obwohl Sie eventuell sagen werden, dass es nichts gibt, was Sie tun können, um einen groben Menschen zu ändern, handelt es sich hierbei um ein perfektes Beispiel für die Tatsache, dass Sie als selbstbewusster Erdenengel ehrlich sind um der Ehrlichkeit willen und nicht, um den anderen zu ändern. Sie werden persönliche Kraft und Selbstvertrauen gewinnen, indem Sie dem anderen klar und deutlich sagen, dass Sie von den Menschen in Ihrem Leben Respekt und Achtung erwarten.

Untreue

Ein Mensch, der nicht treu ist, bricht Ihnen das Herz und zerstört Ihr Vertrauen, indem er oder sie ein verletzendes Verhalten an den Tag legt, Sie hintergeht, mit anderen flirtet, Sie anlügt oder zu extrem negativen Urteilen neigt.

❀ **Wie sich diese Beziehung auf Sie auswirkt:** Da das Fundament von Beziehungen Vertrauen ist, ist ein Betrug absolut vernichtend. Es führt dazu, dass Sie sich selbst und Ihre Realität infrage stellen.

❀ **Wie Sie damit umgehen können:** Für die meisten Menschen ist Untreue oder Betrug ein Umstand, der zur sofortigen Beendigung einer Beziehung führt. Wenn es ausnahmsweise einmal passiert und Sie das Gefühl haben, die Beziehung ist es wert, gerettet zu werden, können Sie beide einander näher kommen, indem Sie die Gründe analysieren, die zu dem Betrug geführt haben, und daran arbeiten. Sie müssen Ihren Partner absolut klar und bestimmt wissen lassen, dass er oder sie Ihnen wehgetan hat und dass Sie dieses Verhalten nicht noch einmal akzeptieren oder tolerieren werden. Machen Sie sich bewusst, dass Sie Beziehungen mit Menschen verdienen, die Verpflichtungen einhalten, weil sie eine hohe Selbstachtung besitzen und wissen, dass es das Richtige ist, gut auf sich selbst und die Beziehung zu achten.

Tratschen

Hierbei handelt es sich um eine Person, die gerne über andere tratscht, und vielleicht haben Sie mit demjenigen in der Vergangenheit auch schon selbst getratscht. Doch dann stellen Sie fest, das dieser »Freund/ Freundin« hinter Ihrem Rücken genauso über Sie herzieht.

❀ **Wie sich diese Beziehung auf Sie auswirkt:** Sie sind überrascht oder sogar schockiert, dass dieser Mensch, der sich über jeden beschwert hat, sich jetzt über *Sie* beschwert. Sie hatten geglaubt, dass Sie beide eine Einheit waren, die gemeinsam die gleichen Fehler bei anderen fanden. Sie bleiben mit einem Gefühl des Unglaubens und Verrats zurück und fragen sich, wie Ihr Urteilsvermögen nur so fehlgeleitet sein konnte, dass Sie ihm oder ihr vertrauten.

❀ **Wie Sie damit umgehen können:** So wie bei allen anderen Beziehungsproblemen ist selbstbewusste Ehrlichkeit gesund für Sie, auch wenn es den anderen unter Umständen nicht ändern wird. Jemand, der über andere herzieht, ist in der Regel süchtig nach der Aufregung, die damit einhergeht.

Da Sie jetzt also wissen, dass Sie diesem Menschen nicht vertrauen können – sofern Sie die Beziehung weiterführen wollen oder keine Wahl haben, weil Sie miteinander verwandt sind –, müssen Sie vorsichtig sein und sich davor hüten, das Getratsche in irgendeiner Weise zu unterstützen. Kein Ausplaudern mehr von süffisanten Details oder sonstigen Informationen über Ihr Leben. Was bedeutet, dass Sie in Gegenwart des oder der Betreffenden wachsam sein müssen, was schließlich dazu führen wird, dass Sie sich von diesem Menschen distanzieren.

Tratschen ist immer verletzend, und jeder Schmerz, den Sie in dieser Hinsicht erfahren haben, kann eine wertvolle Lebenslektion sein und Sie lehren, selbst nie zu tratschen oder über andere hinter ihrem Rücken herzuziehen, da dieses Verhalten allen Beteiligten nur Schmerz bringt.

Einseitigkeit

In einer einseitigen Beziehung redet der oder die andere immer nur über sich selbst und fragt nie, wie es Ihnen geht. In dem Moment, wo Sie anfangen, etwas über sich zu erzählen, wendet sich der andere ab, beendet das Gespräch, bevor es richtig begonnen hat, oder bringt das Thema auf sich selbst zurück.

❀ **Wie sich diese Beziehung auf Sie auswirkt:** Sie fühlen sich unwichtig, so als würden Sie nicht zählen. In einer solchen Beziehung werden Sie sich einsam fühlen, »nicht gut genug«, um die Aufmerksamkeit oder Zuwendung der anderen Person zu verdienen. Bis Sie begreifen, dass der andere ichbezogen und nur auf sich selbst bedacht ist, werden Sie seiner oder ihrer Aufmerksamkeit und Zuneigung hinterherjagen.

❀ **Wie Sie damit umgehen können:** Einseitige Beziehungen können sich in zwei Richtungen entwickeln:

1. In den meisten Situationen gibt es keine Möglichkeit, dass die Beziehung sich in eine gegenseitige Freundschaft entwickelt, weil diese Personen nicht offen für Gespräche sind, außer für den Teil, den sie selbst dazu beitragen.

2. In selteneren Fällen wird ein offenes Gespräch ein positiveres Resultat bringen, indem Sie Ihre ehrlichen Gefühle im Hinblick auf den Wert der Beziehung und ihre Bereitschaft zum Ausdruck bringen, sie unter der Voraussetzung einer neuen Dynamik von gleichberechtigtem Erzählen und Zuhören fortzuführen. Im Idealfall wird Ihr Partner zuhören und sensitiver sein für Ihre Bedürfnisse. Doch auch hier gilt: Ehrlichkeit ist gesund, bedeutet jedoch nicht, dass der andere sich ändern wird.

Melodramatische Personen

Mit Drama-Queens und -Kings verbringen Sie Stunden am Telefon, geben ihnen Ratschläge und Unterstützung – doch sie werden Ihrem Rat nie folgen. Diese Menschen haben ein melodramatisches Problem nach dem anderen und wollen nur klagen, ohne irgendwelche Schritte zur Heilung der Situation vorzunehmen.

⚜ **Wie sich diese Beziehung auf Sie auswirkt:** Diese Art von Beziehung führt dazu, dass Sie jede Menge Zeit verlieren … und Geduld! Anfangs fühlen Sie sich vielleicht geschmeichelt, dass dieser Mensch Ihnen Dinge anvertraut. Doch bald merken Sie, dass die Anrufe nie endende Klagegesänge sind und täglichen Seifenopern ähneln. Das ist der Moment, wo Sie beginnen, ihre oder seine Anrufe nicht mehr entgegenzunehmen.

❀ **Wie Sie damit umgehen können:** Als selbstbewusster Erdenengel müssen Sie die Situation direkt angehen. Telefonanrufe nicht anzunehmen ist eine *passive* Möglichkeit, damit umzugehen. Sich bei anderen über den oder die Betreffende zu beschweren ist eine passiv-aggressive Möglichkeit. Die einzige gesunde Art, mit melodramatischen Personen umzugehen, besteht darin, ihnen zu sagen, dass Sie für sie beten werden und ihnen alles Gute wünschen, darüber hinaus aber jede Menge Verantwortlichkeiten haben, die Ihre ganze Zeit in Anspruch nehmen.

Und dann halten Sie sich daran!

Ausnutzen

Halten Sie Ihre Brieftasche oder Ihr Portemonnaie fest, wenn Sie sich in Gesellschaft von Opportunisten befinden, da diese Personen ständig nach Gelegenheiten suchen, wie sie Geld, Geschenke, ein Abendessen und alles Mögliche aus Ihnen herauskitzeln können.

❀ **Wie sich diese Beziehung auf Sie auswirkt:** Sie werden sich verwirrt, frustriert und leergesaugt fühlen, wenn Sie mit Menschen zu tun haben, die Sie ausnutzen. Sie sind Experten, wenn es darum geht, andere zu manipulieren und ihnen das Gefühl zu geben, sie seien verpflichtet, alles zu bezahlen. Selbst wenn Sie sich schwören, dass es dieses Mal anders sein wird, sobald Sie mit dem Betreffenden zusammen sind, kommt Ihre Brieftasche wie von alleine auf den Tisch. Sie hören sich selbst, wie Sie sagen, dass Sie diesem Menschen natürlich mit diesem oder jenem helfen werden.

❀ **Wie Sie damit umgehen können:** Es gibt viele Spiele, die Sie in dem Bemühen spielen könnten, eine gleichgewichtige Beziehung von Geben und Nehmen zu schaffen. Vergessen Sie jedoch nicht, dass dysfunktionale Situationen wie diese Gelegenheiten sind, zu wachsen.

Auch dieses Mal geht es also darum, sich zu einem Gespräch zusammenzusetzen und direkt und ehrlich mit dem anderen zu reden. Zum Beispiel könnten Sie ihm oder ihr sagen: »Lass uns Donnerstag gemeinsam zum Lunch gehen, damit wir uns alle Neuigkeiten erzählen können. Ach ja, ich würde es begrüßen, wenn du mich einladen würdest, da ich die letzten fünf Male alles bezahlt habe.« Und dann halten Sie sich daran. Hören Sie auf, für alles zu bezahlen. Wenn der Kellner die Rechnung bringt, greifen Sie nicht automatisch nach Ihrer Brieftasche. Wenn der andere ein wahrer Freund ist, wird er oder sie es auch in Zukunft sein. Wenn jemand sich von Ihnen abwendet, weil Sie nicht mehr für alles bezahlen, dann war diese Person von Anfang an nie Ihr Freund.

Spitze Bemerkungen

Jemand, der zu spitzen Bemerkungen neigt, beleidigt Sie indirekt. Was er oder sie äußert, verletzt, aber Sie können nicht genau sagen, warum. Dieser Mensch gibt »scheinbare Komplimente«, die in Wahrheit als Kompliment verkleidete Beleidigungen sind. Zum Beispiel: »Du siehst so viel besser in diesem Kleid aus als das letzte Mal, als du es getragen hast.« *Hallo? Was soll das heißen?*

Diese Personen leiden in der Regel unter einer sehr tief sitzenden Feindseligkeit und Eifersucht und sind Musterbeispiele für passiv-aggressives Verhalten. Anstatt mit Ihnen direkt über etwas zu reden, das wahrscheinlich schon längst Vergangenheit ist, und die alte Wut mit Ihnen zu klären, ziehen sie es vor, Sie mit verletzenden Worten anzugreifen unter dem Vorwand, Ihnen ein Kompliment zu machen. Das macht es schwer zu erkennen, dass diese Menschen ihre Worte benutzen, um über Sie herzufallen.

❀ **Wie sich diese Beziehung auf Sie auswirkt:** Sie werden eine sofortige physische Schmerzreaktion spüren, wenn dieser Mensch redet, da Sie energetisch seine oder ihre Feindseligkeit spüren können. Unter Umständen fühlen Sie sich verwirrt, denn Ihr Gehirn versucht, die Worte des Betreffenden einzuordnen, doch irgendwie ergeben sie einfach keinen Sinn. Er oder sie wird vielleicht behaupten: »Ist doch nur ein Scherz«, oder: »Du bist zu empfindlich«, wenn Sie etwas zu seinen oder ihren spitzen Worten sagen.

❀ **Wie Sie damit umgehen können:** Wenn jemand Sie wiederholt mit scheinbaren Komplimenten verletzt, ist es Zeit zu überlegen, ob diese Beziehung weitergeführt werden kann oder nicht. Wenn es sich bei dem anderen um einen nahen Verwandten handelt wie beispielsweise Ihre Mutter oder Schwester, wird dieser Mensch in irgendeiner Weise immer Teil Ihres Lebens sein. Was jedoch nicht bedeutet, dass Sie ständig mit ihm oder ihr zusammen sein müssen. Selbstbewusste Erdenengel stellen sich jedem Konflikt direkt und zeigen ihre Gefühle ohne Schuldgefühle oder Ausreden. Zum Beispiel könnten Sie der betreffenden Person sagen: »Ich glaube nicht, dass du mich mit den Worten, die du gewählt hast, verletzen wolltest, doch so ist es. Deine Worte haben mich verletzt.«

Oder Sie zeigen eine umgehende, ehrliche Reaktion, wenn jemand etwas Verletzendes gesagt hat, wie zum Beispiel: »Au! Das tut weh!« Der Betreffende wird dann vielleicht sagen, dass er etwas völlig anderes gemeint hat als das, was Sie gehört haben. Falls diese »Miss-Kommunikation« zum ersten Mal aufgetreten ist, können Sie darüber reden und die Situation recht schnell klären. Wenn es sich jedoch um ein chronisches Muster handelt, oder wenn der andere defensiv reagiert oder Ihre Gefühle einfach abtut, ist es an der Zeit, die Beziehung zu hinterfragen oder zu beenden.

Reden ohne Unterlass

Wenn Sie eine Konversation mit einem Menschen haben, der ununterbrochen redet, hat es den Anschein, als würde er nie Atem holen. Er redet und redet und redet, und Sie können nie auch nur ein Wort einwerfen. Wenn Sie irgendetwas sagen, werden Ihre Worte durch den Dialog des anderen, der eher ein Monolog ist, sofort überfahren und zermalmt. Wenn dieser Mensch Sie anruft, könnten Sie genauso gut den Hörer ablegen und weggehen. Er würde immer weiterreden, weil er gar nicht darauf achtet, ob Sie antworten oder nicht.

❀ **Wie sich diese Beziehung auf Sie auswirkt:** Diese Art von Beziehung wird Sie jedes Mal frustrieren. Ihr Bedürfnis, gehört zu werden, wird nicht erfüllt. Wenn es sich bei dem Betreffenden um einen Freund oder entfernten Verwandten handelt, werden Sie ihn oder sie wahrscheinlich meiden, vor allem Anrufe, die mit dieser Art von Personen sehr unangenehm und zeitvergeudend sein können.

❀ **Wie Sie damit umgehen können:** Legen Sie gleich zu Beginn die Parameter jeder Konversation fest, indem Sie sagen: »Ich habe nur eine Viertelstunde Zeit bis zu meinem nächsten Termin«, und dann halten Sie sich strikt daran. Sagen Sie: »Ich muss jetzt gehen, alles Liebe, tschüss«, und dann legen Sie auf. Wenn Sie darauf warten, dass der chronische Redner sich als Erster verabschiedet, können Sie lange warten. Er oder sie wird jedes Mal sagen: »Ach, und noch eins ...« Sie sind es, der das Ende des Telefonats ankündigen und als Erster den Hörer auflegen muss.

Seien Sie von Anfang an *sehr* direkt mit anderen, wenn es um Ihre Erwartungen im Hinblick auf eine Beziehung geht. Ihr Ego wird mit Ihnen streiten und sagen, dass Sie anderen nicht die Wahrheit sagen können, denn sonst würden sie sich abwenden. Die einzige Wahrheit ist jedoch, dass Sie nichts als eine leere Hülle für andere Menschen sind, solange Sie nicht *Ihre Wahrheit* zum Ausdruck bringen.

10

Menschen müssen nicht repariert werden

Weil Erdenengel so intuitiv sind, können sie oft das Potenzial in anderen sehen. Erdenengel neigen besonders häufig dazu, sich in das *Potenzial* anderer Menschen zu verlieben. Sie suchen sich Freunde und Liebhaber aus, die der »Reparatur« bedürfen.

Erdenengel beschließen unbewusst: *Ich werde die feineren Qualitäten dieser Person hervorheben und sie/ihn zu einem wirklich guten Menschen machen!* Manche Erdenengel beschließen, einen möglichen Geliebten in ihren idealen Ehemann oder Ehefrau zu verwandeln. Und dann ärgern sie sich, wenn der oder die Betreffende sich nicht ändern will!

Es ist nicht fair, eine persönliche oder geschäftliche Beziehung mit dem Hintergedanken einzugehen, die andere Person zu reparieren bzw. ändern zu wollen. Jeder möchte (und verdient es) als der Mensch gemocht oder geliebt werden, der er oder sie ist (das Gleiche gilt auch für Sie). Obwohl jeder Verbesserungen gebrauchen könnte, wollen die Menschen weder kontrolliert werden noch gesagt bekommen, was sie zu tun haben.

Als Erdenengel sind wir von Natur aus vertrauensvoll. Außerdem haben wir die Fähigkeit, das Gute in jedem zu sehen. Wir lieben »Reparatur-Objekte«, und häufig gehört dazu, Personen »zu sammeln«, von denen wir glauben, dass sie zu ihrem Besten geändert werden müssten. Die Wahrheit ist jedoch, dass niemand repariert oder verändert werden will, selbst wenn es sein oder ihr Leben verbessern würde. Wenn Menschen eine Veränderung wünschen, möchten sie, dass es entsprechend ihren eigenen Vorstellungen passiert und nicht von anderen vorgegeben wird.

Ihr Job besteht nicht darin, andere Menschen zu reparieren oder zu ändern. Was Sie tun können, ist, anderen Menschen zu *helfen*. Sie können sie heilen und für sie beten. Ihre eigentliche Aufgabe besteht darin, sich selbst zu heilen und in Ihrer Zeit auf der Erde der liebevollste Mensch zu sein, der Sie sein können. Liebe bedeutet, auf friedvolle Weise ehrlich mit sich selbst und anderen zu sein.

Vor allem in Liebesbeziehungen werden Sie ständig frustriert und enttäuscht sein, wenn Sie denken, Sie könnten »aus einem Kieselstein einen Diamanten schleifen« und einen nicht-kompatiblen Menschen in Ihren Traumpartner verwandeln. Es ist am besten, von Anfang an ehrlich zu sein mit einem/einer neuen Geliebten in Bezug auf Ihre Bedürfnisse und Wünsche in einer Beziehung. Wenn es Ihr Traum ist, verheiratet zu sein, Kinder zu haben und zu Hause zu bleiben, um sie großzuziehen – dann sagen Sie dies dem Betreffenden, bevor Sie sich auf eine ernste Beziehung mit ihm oder ihr einlassen. Warten Sie nicht bis zum zweiten Hochzeitstag, um sie oder ihn mit dieser Neuigkeit zu überraschen.

Das ist nicht fair und bedeutet, dass Sie beide Ihre Zeit verschwendet und unnötiges Herzeleid erlitten haben, falls er erklärt, dass Kinder in seinem Lebensplan nicht vorgesehen sind.

Hinderungsgründe

In allen Beziehungen gibt es Hinderungsgründe, das heißt Themen, Verhaltensweisen oder Situationen, die Sie nicht akzeptieren werden. Zu den am weitesten verbreiteten Hinderungsgründen gehören:

- Unehrlichkeit
- Betrug/Verrat
- Untreue
- Jede Form von Missbrauch/Misshandlung

Unter Umständen gelten für Sie zusätzliche Hinderungsgründe, wie zum Beispiel:

- Der andere muss Nichtraucher sein
- gut organisiert sein
- romantisch sein
- ein bestimmtes Einkommen haben
- körperlich fit sein und entsprechend aussehen
- ein guter Stiefvater für Ihre Kinder sein
- ähnliche spirituelle oder religiöse Glaubenssätze haben
- Katzen lieben
- etc. etc.

Wenn er oder sie diese entscheidenden Qualitäten nicht hat, die Sie suchen, ist die Beziehung vorbei. Sie akzeptieren keine Kompromisse, wenn es um Hinderungsgründe geht.

Doch manch (weiblicher) Erdenengel macht einen heimlichen Deal, ohne dass ihr Partner davon weiß. Im Stillen beschließt sie, seine hinderlichen Gewohnheiten zu »reparieren« und ihn in ihren idealen Partner zu verwandeln. In ihrer Fantasie hat sie ein so besonderes Bild von ihrem Geliebten und vertraut völlig darauf, dass er Drogenkonsum, Wetten, Frauengeschichten und andere toxische Verhaltensweisen ihr zuliebe einfach aufgeben wird. Wenn er sich widersetzt oder einen Rückfall in die alten Gewohnheiten hat, wird sie wütend und macht ihm Vorwürfe, anstatt zu erkennen, dass er schon immer so war! Sie wusste von Anfang an, dass er diese Probleme hatte. Also geht es in Wahrheit darum, dass sie Verantwortung für ihre Entscheidungen übernimmt und sich dann selbst dafür vergibt, sie getroffen zu haben.

Bei meinen Live-Radioshows, wo die Zuhörer mich direkt anrufen können, oder in meinen Seminaren wird unweigerlich eine Frau von mir wissen wollen, ob ihr Freund oder Ehemann sich jemals ändern wird. Sie erzählt mir, dass er sich über ihre Hinderungsgründe hinwegsetzt, und sie fragt: »Soll ich ihn verlassen? Wird es jemals besser?« (Was so viel bedeutet wie: *Wird er der ideale Mann, von dem ich träume?)*

Meine Million-Dollar-Frage an jede Frau, die mir diese Frage stellt, lautet: »Falls er sich nie ändert und die Beziehung genauso bleibt, wie sie jetzt ist, wären Sie dann glücklich?«

Und jedes Mal merke ich, wie es der Frau die Sprache verschlägt, bevor sie mit zitternder Stimme antwortet: »Nein«.

Sie hat soeben erkannt, dass sie zwei Wahlmöglichkeiten hat: In einer nicht-kompatiblen Beziehung zu bleiben – oder zu gehen. Sie merkt, dass die ganze Beziehung auf ihrer Fantasie aufgebaut war, dass er sich auf magische Weise in einen anderen Menschen verwandeln würde: *Wenn er mich wirklich liebt, dann würde er so sein wie ich. Wenn er mein Seelengefährte wäre, würde er das Leben mit gleichen Augen sehen wie ich.*

Wenn sie sich trennen, wird sie hoffentlich nicht an ihrer Verbitterung ihm gegenüber festhalten. Es war nicht sein Fehler, dass er nicht zu ihr passte. Diese Tatsache war von Anfang an offensichtlich, und sie wusste es! Doch fasste sie einfach den Entschluss, es zu ignorieren, weil sie ihn als ein Reparatur-Objekt betrachtete, was weder weise noch fair war.

Wenn Sie die von Ihren Engeln gesendeten Alarmsignale ignorieren, sobald Sie mit dem Gedanken spielen, eine Beziehung einzugehen, dann geben Sie nicht den Engeln oder der anderen Person die Schuld, wenn die Beziehung sich als unpassend herausstellt. Es hatte Alarmsignale gegeben, Sie beschlossen aber, sie zu übersehen oder zu ignorieren. Vielleicht dachten Sie: *Dieses Mal wird es anders sein*, oder: *Meine Liebe wird ihn ändern*.

Wenn Sie das nächste Mal Alarmsignale empfangen, drehen Sie sich bitte um und gehen in die entgegengesetzte Richtung.

Auch Sie selbst sind kein Reparatur-Objekt!

Erdenengel denken, dass andere Menschen netter zu ihnen sein werden, wenn sie sich ändern. Wenn sie reizender, dünner, erotischer, reicher, erfolgreicher, hübscher, klüger, besser gekleidet und so weiter sind, dann werden sie akzeptiert. Und dann werden sie endlich die große Liebe spüren, an die sie sich von ihrer Zeit im Himmel erinnern.

*Sich selbst zu ändern, um Liebe zu gewinnen, ist ein verzweifelter Versuch, die Meinung eines anderen Menschen über Sie zu kontrollieren! Lassen Sie es! Lieben Sie sich selbst so, wie Sie sind, und »verbessern« Sie sich nur, weil Sie sich dazu angeleitet fühlen – und nicht, um jemanden dazu zu bringen, Sie zu lieben. Mit anderen Worten, üben Sie sich in Selbstverbesserung, denn das wird **Sie** glücklich machen!*

11

Das Leben genießen,
anstatt allen gefallen zu wollen

*W*arum hat jeder so viel Spaß und Glück im Leben, nur ich nicht?« ist die Aschenputtel-Klage, die Erdenengeln häufig heimlich auf der Seele liegt. Schließlich beschwert sich ein Erdenengel nur selten laut, denn das könnte dazu führen, dass andere sich unwohl fühlen.

Jeder spirituelle Weg und jede Religion wirbt dafür, wie wichtig es ist, anderen Menschen zu helfen. Und es macht tatsächlich glücklich, hilfsbereit zu sein. Doch jeder gerät an einen Wendepunkt, wenn er oder sie das Gefühl hat, viel mehr zu geben, als er zurückbekommt.

In einer gesunden Beziehung geben und nehmen beide Partner, mal mehr, mal weniger – es ist unmöglich, ein absolutes Gleichgewicht herzustellen. Jedoch ermutigt eine gesunde Beziehung beide Beteiligte, ihre wahren Gefühle zu äußern, sollte ein deutliches Ungleichgewicht spürbar werden. In einer gesunden Beziehung fühlen Sie sich sicher, Ihrem Partner über alles zu berichten, was Sie ärgert. Ihr Partner hört Ihnen zu und erzählt Ihnen dann von seinen oder ihren Gefühlen. Sie verhandeln als Paar, um auf faire Weise eine kreative Lösung für die Situation zu finden, die beide Personen respektieren.

In ungesunden Beziehungen bestimmt der eine die Regeln, und der andere verbirgt seine oder ihre Gefühle. Die bestimmende Person ist sich der Quelle ihrer oder seiner Wut sehr bewusst und gibt in der Regel dem Partner die Schuld. Sehr häufig übernehmen Erdenengel die Rolle des »Sündenbocks«, der an allem Schuld ist. Es ist der »Fehler« des Sündenbocks, wenn das Geld in der Haushaltskasse nicht reicht, die Kinder zu laut sind oder das Honigglas leer ist.

Erdenengel nehmen die Schuld auf sich und sagen ständig: »Es tut mir leid«, selbst für Dinge, die nicht ihr Verschulden sind. Wenn jemand wütend ist, glauben sie, dass sie etwas falsch gemacht und damit diese Wut heraufbeschworen haben.

Der Erdenengel duckt sich vor dem Wütenden. Er gibt seine persönliche Macht her und betet, dass die Konfrontation bald vorbei sein möge. Diese Verhaltensform beruht zum Teil auf vergangenen Lebenszeiten. In jeder Inkarnation bleibt unsere Persönlichkeit in etwa gleich. Es ist eine Mär, dass wir in verschiedenen Lebenszeiten mal grausam und mal liebevoll sind, um unser Karma auszugleichen. So ist es einfach nicht! Liebevolle, freundliche Menschen sind so in allen Inkarnationen, und grausame Menschen bleiben grausam (es sei denn, sie erfahren spirituelles Wachstum).

Sie hatten also wahrscheinlich frühere Lebenszeiten mit ähnlichen persönlichen Eigenschaften der Freundlichkeit, Großzügigkeit und einem Talent für spirituelles Hellsagen und Heilung. In jenen früheren Leben wurden spirituelle Heiler und Lehrer verfolgt und oft getötet. Wann immer zu Zeiten der Inquisition irgendwelche Katastrophen passierten, gaben die Leute »Hexen« (die damals übliche Bezeichnung für spirituelle Heiler und Lehrer, selbst wenn sie sich nicht mit Hexenkünsten beschäftigten) die Schuld.

Aus diesem Grund haben Sie eine Phobie davor entwickelt, beschuldigt zu werden, denn Schuldzuweisung kam damals einem Todesurteil gleich. Vielleicht wurden Sie auf dem Scheiterhaufen verbrannt, zu Tode gesteinigt oder lebenslang ins Gefängnis geworfen, weil Leute fälschlicherweise Ihre spirituellen Talente als Ursache für familiäre Missgeschicke, Kindheitserkrankungen, Missernten etc. bezichtigten.

Tief in Ihrem Inneren erinnert sich Ihre Seele an alle glücklichen und schmerzhaften Lektionen jeder Inkarnation. Wenn Ihr Körper zuckt oder zurückweicht, oder wenn Sie merken, wie Sie tief Luft holen, oder wenn Sie beim Lesen dieses Kapitels eine »Gänsehaut« kriegen, ist das ein Zeichen, dass Sie in dieser oder ähnlicher Form gelitten haben.

In dieser Lebenszeit haben Sie sich wahrscheinlich nach allen Regeln der Kunst verbogen, um Schuldzuweisungen zu vermeiden. Mit Ihrer supersensitiven Intuition ahnen Sie nun die Bedürfnisse eines jeden Menschen voraus und unternehmen übermenschliche Anstrengungen, um dafür zu sorgen, dass jeder glücklich ist ... nicht zuletzt um der Tyrannei zu entgehen, beschuldigt zu werden! Der Ihrem Verhalten zugrunde liegende Gedankengang (unter Umständen unbewusst) lautet: *Solange jeder glücklich ist, kann mir nichts passieren.*

Märtyrer-Opfer-Retter

Erdenengel sind in Beziehungen unglücklich, die unausgeglichen sind und in denen sie mehr geben, als sie empfangen. Also fühlen sie sich schikaniert, benutzt und ausgebeutet von undankbaren Menschen. Egal, welche Schwierigkeiten sie auf sich nehmen, andere Menschen zeigen sich weder erkenntlich, noch geben sie etwas zurück. Bietet jedoch hin und wieder ein freundlicher Mensch *tatsächlich* seine Hilfe an, wird das Angebot abgelehnt. Das liegt daran, dass Erdenengel sich gebraucht und erwünscht fühlen, wenn andere unverschämte oder unangemessene Forderungen stellen. Darüber hinaus vermittelt es ihnen ein Gefühl von Kontrolle, wenn *sie* es sind, die ständig geben.

149

Was unser Erdenengel mehr als alles andere möchte, ist Anerkennung, die für sie oder ihn gleichbedeutend ist mit »sicherer Job« und »Liebe«. Der Erdenengel möchte beruhigt werden, dass er hübsch, intelligent und liebevoll genug ist. Er sehnt sich nach Zusicherung, weil er noch nicht gelernt hat, sich selbst Feedback zu geben.

Wenn Sie auf andere Menschen angewiesen sind, um zu definieren, wer Sie sind, bedeutet das, dass Sie ihnen Ihre Macht überlassen haben. Für Sie sind andere wie ein Spiegel, der Ihnen reflektiert, ob Sie ein »guter Mensch« sind. Wenn die anderen froh und zufrieden sind, sind Sie ein guter Mensch. Sind die anderen unglücklich oder wütend, sind Sie es nicht.

In Wahrheit stimmt das natürlich nicht. Aber Inkarnationen von Misshandlungen und Missbrauch haben dazu geführt, dass hypersensitive Erdenengel schnell große Angst empfinden.

Der engelsgleiche Märtyrer/Opfer

Wenn Sie fürchten, andere zu »belästigen« und selten andere Menschen um Hilfe bitten, kann es sein, dass Sie in einem traurigen Kreislauf von Märtyrer/Opfer gefangen sind. Was bedeutet, dass Sie sich gekränkt fühlen, wenn niemand Ihnen hilft, Sie jedoch niemanden um Hilfe gebeten haben. Vielleicht sagen Sie sogar *Nein*, wenn andere Ihnen ihre Hilfe anbieten!

Märtyrer sind Menschen, die sich selbst jedes Vergnügen und jede Freude im Leben versagen, weil sie sich völlig auf die Bedürfnisse anderer fokussieren. Doch dann bestrafen sie die Personen, denen sie helfen, mit passiv-aggressivem Verhalten, was die Wut nur noch verstärkt, anstatt sie zu verringern.

Dieser Kreislauf basiert auf einem geringem Selbstwertgefühl, wobei Sie die Zeit anderer Menschen für wichtiger halten als

Ihre eigene. Vielleicht gehen Sie davon aus, dass die anderen zu beschäftigt sind, um Ihnen ihre Hilfe anzubieten und dass sie wütend reagieren würden, falls Sie sie um ihre Unterstützung bitten.

Könnte es sich hierbei um eine Projektion *Ihrer eigenen* wütenden Gefühle handeln? Fänden Sie es letzten Endes nicht schön, wenn andere Ihnen helfen würden? Fast wäre es besser, wenn Ihnen andere einfach ungefragt Hilfe zukommen lassen. Denn wenn sie zuerst fragen, werden Sie wahrscheinlich zögern und in der Regel sagen: »Nein danke.«

Um diese Situation zu verändern, ist es wichtig damit anzufangen, die Hilfsangebote anderer Menschen zu akzeptieren. Eine Ausnahme wäre, wenn Sie spüren, dass die hilfsbereite Person in Wahrheit ein verborgenes Motiv hat, wie zum Beispiel den Versuch, sich bei Ihnen einzuschmeicheln (und Ihnen das Gefühl zu geben, Sie schulden ihm oder ihr etwas.) Doch wenn ein aufrichtiger, freundlicher Mensch Hilfe anbietet, wäre es ein Zeichen von Selbstbewusstsein, wenn Sie antworteten: »Vielen Dank« und diese freundliche Geste akzeptieren.

Und vermeiden Sie danach die alte Gewohnheit, unzählige Male zu wiederholen: »Danke sehr, vielen Dank«, oder sich dafür zu entschuldigen, dem anderen zur Last zu fallen.

Wenn Sie etwas annehmen, schenken Sie dem anderen die Freude des Gebens. Erlauben Sie ihm oder ihr, die Belohnung zu erhalten als Folge davon, einem anderen Menschen (Ihnen) geholfen zu haben. Der andere wird Zufriedenheit aus dem Gefühl schöpfen, hilfreich und nützlich zu sein. Alle Menschen haben das Bedürfnis, gebraucht zu werden. Wenn Sie das Ganze aus dieser Warte betrachten, werden Sie zustimmen, dass es egoistisch ist, der Einzige sein zu wollen, der gibt. Also teilen Sie Liebe aus, indem Sie anderen erlauben, *Ihnen* etwas zu geben!

Anderen gefallen wollen

Ihr Bedürfnis, von anderen anerkannt zu werden, gibt den anderen die Kontrolle über Ihr Glück. Niemand hat diese Macht über Sie verdient.

Sie suchen Bestätigung, um Konflikt zu vermeiden. Sie haben ein ausgeprägtes Gespür für das, was andere Menschen hören wollen, und Sie wissen, wie Sie es den Betreffenden wunderbar vermitteln können! Was dazu führt, dass die andere Person glaubt, dass Sie der netteste Mensch der Welt sind – was Sie auch *sind*, außer dass es eine authentische und echte Version Ihres netten Selbst gibt, die sich hinter dem Bedürfnis verbirgt, allen gefallen zu wollen. Diese Menschen bringen die Devise »Wenn du nichts Nettes sagen kannst, sage am besten gar nichts« auf eine völlig neue, verzerrte Ebene. Es bedeutet, dass Sie so tun, als seien Sie anders, als Sie in Wirklichkeit sind, in der Absicht zu kontrollieren, wie ein anderer auf Sie reagiert.

Sie versuchen, den anderen davon abzuhalten, wütend auf Sie zu sein, Sie zu verlassen, oder Ihnen zu kündigen, indem Sie besonders fügsam und nett sind. Die Kehrseite der Medaille ist Ihr Versuch, andere zu manipulieren, damit sie Sie mögen, heiraten, in der Firma befördern … und alles dies, indem Sie so tun, als glaubten Sie, was die anderen glauben. Sie lachen über deren Witze, die Sie eigentlich gar nicht komisch finden, und verleugnen sich selbst, indem Sie sich verstellen.

Damit ist das Bemühen, allen gefallen zu wollen, eine dysfunktionale und letzten Endes manipulative, unehrliche Art, mit anderen Menschen zu interagieren. Allen Leuten gefallen zu wollen hat nichts Gefälliges.

Sie können angenehm und sehr freundlich, aufmerksam, rücksichtsvoll und nett sein und gleichzeitig echt und ehrlich mit anderen. Tatsächlich sind die charmantesten Menschen diejenigen, die Ihnen auf eine liebevolle Weise die Wahrheit sagen. Das ist die Kombination, die Erdenengel anstreben sollten: authentisch zu sein, nett, liebevoll und *ehrlich*.

Jeder kann sich mit echten menschlichen Emotionen identifizieren. Wenn Sie also ehrlich sagen, was Sie fühlen, ist es für andere Menschen eine Erleichterung zu wissen, dass andere sich genauso fühlen wie sie selbst. Indem Sie ehrlich mit Ihren Mitmenschen sind, zeigen Sie ihnen, wie man ein authentisches Leben führen kann.

Viele Menschen verwechseln Ehrlichkeit mit Aggressivität. Der Grund dafür ist, dass so viele Jahre lang der durchschnittlich nette Mensch passiv und still war. Doch das hat sich zum Glück geändert! Heutzutage ist es für nette Menschen essenziell, sich zu den Themen zu Wort zu melden, die ihnen am Herzen liegen.

Wenn zum Beispiel Ihr Kind Schwierigkeiten mit einem Lehrer oder einer Lehrerin hat, ist es absolut angemessen für Sie, einen Termin mit diesem Lehrer oder dem Direktor der Schule zu vereinbaren. Dies ist ein Beispiel, wie Sie aktive Schritte vornehmen können, weil Sie Ihr Kind lieben. Sie sprechen das Thema an und sind ehrlich, denn das ist der einzige Weg, wie Sie Ihr Kind schützen können.

Auch in persönlichen Situationen kann Ehrlichkeit segensreich sein. Nehmen wir zum Beispiel an, dass Sie mit einer Gruppe von Freundinnen ins Kino gehen. Der Film ist furchtbar schlecht, und Sie wollen ihn nicht länger anschauen. Sie sehen Ihre Freundinnen an, die sich in ihren Sitzen winden und den Film offensichtlich ebenso wenig genießen. Also flüstern Sie der am nächsten sitzenden Freundin zu: »Mir gefällt der Film nicht … gefällt er dir?« Ihre Freundin lächelt Sie erleichtert an, denn Sie haben genau das angesprochen, was sie selbst fühlt. Es stellt sich heraus, dass keine Ihrer Freundinnen den Film gut findet, doch haben sie Angst, etwas zu sagen und den anderen den Spaß an der Freude zu verderben. Doch da Sie den Mut hatten, Ihre Meinung zu sagen, ist der Abend gerettet! Sie verlassen das Kino und gehen in ein Restaurant, wo Sie gemeinsam schön zu Abend essen. Wenn Sie anderen Menschen immer nur gefallen wollten, würden Sie den Film bis zum bitteren Ende ertragen, um den anderen nicht die Freude zu verderben. Doch weil Sie den Mut zur Ehrlichkeit hatten, haben Sie Ihren Freundinnen in Wahrheit geholfen.

Und Sie werden feststellen, dass dies für fast jede Situation gilt, wo Sie Ihre Meinung ehrlich zum Ausdruck bringen. Ich möchte noch einmal betonen, dass es nichts mit Aggression zu tun hat, wenn man die Wahrheit sagt. Ehrlich zu sein bedeutet einfach, dass Sie zu Ihren Gefühlen stehen und sie klar zur Sprache bringen, ohne anderen Vorwürfe zu machen oder Wut und Sarkasmus in Ihre Worte zu legen.

Menschen gefallen zu wollen ist eine Form der Kontrolle und Manipulation. Sie basiert auf Angst, nicht auf Liebe. Diese ewige Nettigkeit ist auf ein Gefühl der eigenen Wertlosigkeit zurückzuführen sowie der Vorstellung, nichts Gutes im Leben verdient zu haben. Sie sind überzeugt, dass andere Menschen Sie nicht mögen oder lieben werden, wenn Sie ihnen zeigen, wer Sie wirklich sind.

Vergessen Sie nicht, dass Sie eine Schöpfung Gottes sind, geschaffen nach seinem Ebenbild! Jeder und alles, was Gott geschaffen hat, besitzt Göttlichkeit, inhärente natürliche Schönheit und Einzigartigkeit. Sie sind göttlich!

Sie werden sich auch selbst mehr mögen, wenn Sie im Umgang mit anderen authentisch sind. Je mehr Sie Ihr einzigartiges

Selbst annehmen und Ihren Passionen und Interessen vertrauen, Sie auf dem Weg Ihrer Lebensaufgabe zu führen, desto mehr gleichgesinnte Freunde werden Sie finden.

Wenn man Sie getriezt hat, weil Sie »komisch« oder »seltsam« sind, ist das ein Zeichen, dass Sie spezielle Qualitäten und eine Einzigartigkeit besitzen, die die Welt braucht. Wie grau und langweilig wäre die Welt, wenn wir alle gleich wären? Und in manchen Kreisen gilt es gar als Beleidigung, »normal« genannt zu werden.

Wenn Sie immer nur nett sind und allen Menschen gefallen wollen, wird das jeder merken. Diese Gefallsucht funktioniert nie. Andere wissen, dass Sie Ihre Gefühle, Lachen und Lächeln nur vortäuschen, und zweifeln an Ihrer Aufrichtigkeit und Integrität. Sie werden Ihnen nicht vertrauen und sich fragen, in welch anderer Hinsicht Sie vielleicht auch noch unehrlich sind. Was bedeutet, dass ständige Nettigkeit sowohl Ihre Glaubwürdigkeit in geschäftlichen Situationen als auch Ihre Vertrauenswürdigkeit in zwischenmenschlichen Beziehungen sabotieren kann.

Etwas vorzutäuschen, um gemocht zu werden oder mit anderen Menschen übereinzustimmen, funktioniert nie! Einerseits ist es erschöpfend, über einen längeren Zeitraum eine falsche Fassade aufrechtzuhalten. Sie werden feststellen, dass Sie alle Energie und Begeisterung verlieren, wenn Sie vorgeben, jemand anderes zu sein als der oder die, die Sie wirklich sind. Außerdem trennt das Vortäuschen falscher Gefühle Sie von Ihren wahren Gefühlen. Sie vergessen nach einer Weile, wer Sie wirklich sind. Sie geben Ihre wahren Interessen auf. Und egal, wie viele Freunde Sie mit Ihrem falschen Selbst angezogen haben – Sie werden sich nach wie vor einsam und ungeliebt fühlen, weil diese Menschen Sie nicht um Ihres wahren Selbst willen lieben.

155

Um wirklich inneren Frieden und Glück finden zu können, müssen Sie das Risiko eingehen, im Umgang mit anderen Ihr wahres Selbst zu zeigen und die Dinge dann ihren Gang nehmen lassen. Menschen, die Ihnen keinen Respekt entgegenbringen, sind nicht länger in Ihrem Leben willkommen. Menschen, die sich von Ihrer Einzigartigkeit angezogen fühlen, könnten zu Freunden werden, vorausgesetzt, auch Sie fühlen sich von der Vorstellung angezogen, mit ihnen befreundet zu sein … und sie behandeln Sie mit Respekt.

Vergessen Sie nicht, dass es in der Geschichte noch nie einen Menschen gegeben hat, der von allen geliebt wurde, daher vergeuden Sie Ihre Zeit nicht mit diesem unmöglichen Ziel. Seien Sie Sie selbst, und Sie werden gleichgesinnte Seelen anziehen.

Andere Menschen können fühlen, wenn Sie aufrichtig und ehrlich sind. Sie werden sich in Ihrer Gegenwart entspannen und Sie mehr respektieren, wenn Sie nicht länger versuchen, ihre Meinungen über Sie zu kontrollieren und zulassen, dass Ihre wahren Gefühle und natürlichen Reaktionen für alle sichtbar sind. Und Sie werden wissen, dass Sie um Ihres wahren Selbst willen geliebt und geschätzt werden, was Ihr Selbstvertrauen und Ihre Selbstachtung stärken wird!

12

Karmische Beziehungen

Die Beziehungen, die Sie zum Wahnsinn treiben vor lauter Wut und Frustration, haben ihren Ursprung in einem früheren Leben. Die Betreffenden sind Personen, die Ihnen wirklich unter die Haut gehen und Sie immer wieder auf die Palme bringen. Sehr oft bestehen diese karmischen Beziehungen mit Personen in Ihrer unmittelbaren Familie.

»Karmische Beziehungen« bedeutet, dass Sie frühere Lebenszeiten mit diesem Menschen geteilt haben und Sie beide zurückgeschickt wurden, um gemeinsam Ihre Probleme friedlich zu lösen. Dies war die Entscheidung Ihrer Seele, wenn sie Ihnen wahrscheinlich auch von Ihren geistigen Führern und Engeln *sehr* nahegelegt wurde, die Ihnen geholfen haben, das Drehbuch für einen großen Teil Ihres Lebens auszuarbeiten. In der Regel besteht eine karmische Beziehung mit jemandem, mit dem Sie gekämpft oder schwere Zeiten erlebt haben. In dieser Inkarnation sind Sie gemeinsam zurückgekehrt, damit Sie die Dinge verarbeiten und Ihre jeweiligen Energien klären.

Falls Sie die Energien in diesem Leben nicht klären, werden Sie unter Druck gesetzt, immer und immer wieder mit dieser Seele zu inkarnieren. Und in jeder Inkarnation werden Sie wieder in einer engen Beziehung mit ihm oder ihr sein, entweder durch genetische und familiäre Bindungen oder durch Freundschaft, Ehe oder Beruf. Also könnte dieser nervige Kollege im nächsten Leben Ihre Mutter oder Ihr Ehemann sein, es sei denn, Sie klären die Energie mit der betreffenden Person in diesem Leben.

Sie sind mit der anderen Seele zusammengebracht worden, damit Sie ihm oder ihr vergeben können. Das heißt nicht, dass Sie deren Handlungen entschuldigen. Es heißt vielmehr, dass Sie Ihre eigene Seele entgiften, indem Sie die Wut auf den oder die andere loslassen. Sie müssen nicht länger als nötig mit diesem Menschen Zeit verbringen, doch müssen Sie alte, aufgestaute toxische Gefühle loslassen. Alte Wut innerlich gären zu lassen ist schrecklich und ungesund.

Außerdem ist es reine Zeit- und Energieverschwendung, dieser Person die Schuld an Familiendramen und Ihrem eigenen Ärger zu geben. Vorwürfe und Schuldzuweisungen sind eine Projektion unseres Egos, solange wir uns nicht zu unserem eigenen Schatten und Egoproblemen bekennen und sie stattdessen in einer Schublade ablegen mit der Aufschrift: »Das ist ihre/seine Schuld.« Und wenn es auch zutreffen mag, dass dieser Mensch das Trauma hervorgerufen hat, hilft es weder der Situation, noch gleicht es Ihr beider Karma aus, wenn Sie ihm oder ihr die Schuld geben.

Karma und Erdenengel

Vergessen Sie nicht, dass Sie niemanden kontrollieren oder ändern können außer sich selbst. Ihr spirituelles Wachstum als Erdenengel erfordert, dass Sie lernen, wie Sie in nervenden und vertrackten Beziehungen und Situationen Ihren inneren Frieden beibehalten. Dies ist zudem Teil Ihrer heilenden und lehrenden Mission: Vorbild zu sein, wie man mit Anmut und Haltung stressige und unbefriedigende Umstände meistern kann.

Für einen selbstbewussten Erdenengel ist die karmische Beziehung einer Abschlussprüfung vergleichbar. Sie gibt Ihnen die Gelegenheit, alles das noch mal genauer anzuschauen, was Sie im Laufe dieser Lebenszeit gelernt haben und sich auf alle folgenden Inkarnationen auswirken wird. Es ist das Äquivalent des Helden, der sich dem Drachen oder dem Todfeind stellt und alle seine oder ihre kriegerischen Fertigkeiten einsetzt. Dies ist die aufregende, letzte Szene aller Actionfilme, wo das Gute über das Böse triumphiert.

Manchmal ist eine Rückführung in frühere Leben hilfreich, wie zum Beispiel eine Regression, oder indem Sie Ihr unbewusstes Selbst bitten, Ihnen einen Traum über ein vergangenes Leben mit dieser Person zu schicken. Wenn Sie sich an Ihre Vergangenheit mit dem Partner Ihrer karmischen Beziehung erinnern, verringert das die heutigen negativen Gefühle ihr oder ihm gegenüber. Es hilft Ihnen, einen Schritt zurückzutreten und sich von den gegenwärtigen Dramen zu distanzieren.

Sie müssen die Information aus dem vergangenen Leben nicht mit dem Betreffenden teilen, es sei denn, Sie fühlen sich deutlich dazu angeleitet. Über diese Art von Themen zu sprechen kann unter Umständen noch weitere unnötige Dramen auslösen.

Der nächste Schritt bei dem Entwirren des verwickelten Karmas zwischen Ihnen beiden besteht für Sie darin zu begreifen, dass es hierbei nicht um die andere Person geht – es geht um *Sie* und *Ihr* spirituelles Wachstum und zukünftige Lebenszeiten. Sich selbst zu lieben und gut zu behandeln ist einer wertvollen Investition vergleichbar, die Ihnen hilft, in diesem Leben und auch in zukünftigen Inkarnationen positivere Beziehungen einzugehen.

So nervenaufreibend und frustrierend diese gegenwärtige karmische Beziehung auch ist, so wird sie noch schwieriger werden, je länger sie auf diese Weise fortbesteht. Sie haben die Macht, das karmische Rad anzuhalten!

Den karmischen Zyklus durchbrechen

Der erste Schritt in dem Bemühen, diesen karmischen Zyklus zu durchbrechen, besteht für Sie darin, die Verantwortung dafür zu übernehmen. Und sich selbst zu vergeben ist das ultimative Geheimnis, um alles zu heilen, in alle Richtungen der Zeit.

Dazu gehört, sich dafür zu vergeben, diese Beziehung in einer weit zurückliegenden Inkarnation eingegangen zu sein. Wahrscheinlich haben Sie damals deutliche Alarmzeichen von Ihren Engeln empfangen, sich jedoch entschlossen, sie zu ignorieren oder sich darüber hinwegzusetzen. Vergeben Sie sich dafür, diese Alarmzeichen ignoriert zu haben, und schwören Sie sich, von nun an hinzuhören. Lebenslektionen haben nur dann einen Wert, wenn wir aus ihnen lernen.

Sicher, Sie sind wütend darüber, wie dieser Mensch sich verhält. Doch so funktioniert seine Persönlichkeit, wie sie es schon immer getan hat. Sie waren es, der vor langer, langer Zeit die Entscheidung traf, eine Beziehung mit ihm oder ihr einzugehen. Sie waren derjenige, der beschloss, dass die von Ihren Engeln geschickten Alarmsignale keine Bedeutung hatten. Sie waren es, der auf dem Versuch bestand, den anderen zu reparieren oder zu ändern.

Jetzt ist der Moment gekommen, diese Fantasie loszulassen, dass Ihr Partner oder Ihre Partnerin so sein könnte, wie Sie es sich erträumen. Sie sind nicht die Quelle der anderen Person, noch sind Sie der Anker im Drehbuch ihres oder seines Lebens.

Karmische Beziehungen ähneln einem ununterbrochenen Tauziehen. Sie sind Machtspiele, wo der eine zieht und zerrt und der andere zurückzieht. In karmischen Machtspielen gibt es keine Gewinner. Doch wenn ein Partner seine oder ihre Seite des Seils loslässt (durch den Prozess des Vergebens, dem anderen oder sich selbst dafür, sich überhaupt erst auf dieses Tauziehen eingelassen zu haben), ist der Machtkampf zu Ende.

Natürlich bedeutet das Loslassen des Seils und Vergeben nicht, dass Sie sich in einen passiven Menschen verwandeln. Erinnern Sie sich, hier geht es darum, Ihre persönliche Macht und Selbstbehauptung zu *vergrößern*. In der Vergangenheit haben Sie es mit aggressivem, passiv-aggressivem und passivem Verhalten in Ihrer karmischen Beziehung versucht. Nichts davon hat funktioniert. Jetzt ist es an der Zeit, sich durchzusetzen, was bedeutet, ehrlich mit sich selbst und anderen zu sein. Ehrlichkeit bedeutet, dass Sie den Plan aufgeben, die andere Person kontrollieren, reparieren oder ändern zu wollen. Einfach ausgedrückt bedeutet Ehrlichkeit, Ihre eigene Wahrheit in Worte zu fassen und dann den Dingen ihren Lauf zu lassen, ohne ein bestimmtes Ergebnis zu erwarten.

Die karmische Beziehung zu vermeiden (der anderen Person fernbleiben) kann nur funktionieren, wenn Sie einen Ort inneren Friedens finden, wann immer Sie an diesen Menschen denken. Sie haben Ihre Bewährungsprobe im Hinblick darauf, ob Sie das Karma zwischen Ihnen und der anderen Person ausgeglichen haben, bestanden, wenn Sie etwas sehen oder hören, was Sie an den anderen erinnert, ohne dass Ihr Blutdruck steigt.

161

13

Elterliche Durchsetzungskraft bei einem willensstarken Kind

Erdenengel aus der Lichtarbeiter-Generation haben häufig Indigo-Kinder. Im Allgemeinen bringen Lichtarbeiter Indigos auf die Welt, die ihrerseits Kristallkinder gebären, und Kristallkinder bringen als Erwachsene Regenbogenkinder auf die Welt. Dies sind Bezeichnungen, die darauf abzielen, optimal die unterschiedlichen Charaktereigenschaften der verschiedenen Generationen zu beschreiben:

❀ **Lichtarbeiter** sind häufig synonym mit unserer Definition von Erdenengeln, also Personen, die hochsensitiv, jedoch nicht in Kontakt mit ihren wahren Gefühlen sind und ihre Wahrheit nur zögernd, wenn überhaupt, mit anderen teilen.

❀ **Indigo-Kinder** sind ebenso hochsensitiv. Der große Unterschied besteht darin, dass diese Generation willensstarke Führungspersönlichkeiten einschließt, die sehr direkt und freimütig über ihre Gefühle reden. Indigos haben in ihrem Inneren einen gut entwickelten Wahrheits-Detektor, der ihnen sofort sagt, ob ein Mensch aufrichtig ist und Integrität besitzt oder nicht. Indigos neigen zu Wutausbrüchen und Ungeduld. Sie sind geborene Aktivisten, die sich freimütig zu sozialen und Umweltthemen äußern.

❀ Die nächste Generation ist die der **Kristallkinder**. Dies sind noch sensitivere Wesen, die intensiv mit der Natur und den

Tieren verbunden sind und eine ausgeprägt künstlerische Ader besitzen. Sie haben große Augen, die erstaunt blicken, und reden eher wenig. Kristallkinder sind fröhlich, liebreizend, still, vergebend und sehr weise.

❀ Darauf folgt die Generation der **Regenbogenkinder**, die zum jetzigen Zeitpunkt (2014) noch sehr selten sind. Regenbogenkinder sind im Wesentlichen Kristallkinder, die viel reden.

Lichtarbeiter-Eltern ziehen Indigo-Kinder groß

Von all diesen Generationen stellen Indigos die größte Herausforderung für Eltern dar. Sie respektieren einen Menschen erst dann, wenn er oder sie nach den Maßstäben des Indigos Respekt verdient. Die Indigo-Generation ist hier, um Korruption auszumerzen. So wie ein auf Drogen abgerichteter Hund Betäubungsmittel sofort erschnüffeln kann, können die Indigos auf Anhieb eine falsche oder unehrliche Autoritätsperson erkennen.

Das bedeutet beispielsweise, dass Indigos ihre Lehrer und Schulleiter erst dann respektieren, wenn sie das Gefühl haben, der oder die Betreffende hat ihren Respekt verdient. Dies hat zur Folge, dass Indigos häufig Auseinandersetzungen mit Autoritätsfiguren haben und ihre Eltern dann von der Schulleitung zu einem Gespräch über Disziplin geladen werden.

Die Eltern eines Indigo-Kindes (die Erdenengel) haben ein überwältigendes Bedürfnis, andere glücklich zu machen. Das schließt natürlich ihre geliebten Kinder ein. Indigos sind extrem authentisch und real, wenn es darum geht, ihre Emotionen offen zu zeigen.

Da Indigos ein so feines Gespür für Korruption haben und es noch immer so viel davon in der Welt gibt, sind die meisten aufrichtig wütend über den Zustand des Planeten, über Politik, Militär, Energie-Management, etc. Was bedeutet, dass ein Indigo nicht glücklich ist! Das verwirrt und irritiert die Erdenengel-Eltern, die alles tun, was ihnen möglich ist, um ihr Kind glücklich zu *machen*.

Zum Beispiel hat eine Mutter zwei Jobs, um ihrem Kind alles geben zu können, was es sich wünschen oder brauchen könnte. Wenn auch zögerlich, ist sie letzten Endes mit allem einverstanden, was Sohn oder Tochter wollen.

Ein Beispiel, das ich immer wieder von Erdenengel-Eltern höre, hat mit brutalen Videospielen zu tun. Die meisten Erdenengel sagen mir, dass sie äußerst sensitiv auf brutale Filme, TV-Shows und Videospiele reagieren, besonders auf die damit einhergehenden extrem lauten Geräusche und Töne. Und daher entstehen Konflikte, wenn ihre Kinder Spaß haben mit brutalen Videospielen und unter Umständen regelrecht süchtig danach sind. Wann immer Erdenengel-Eltern vorsichtig erwähnen, dass sie lieber keine brutalen oder gewalttätigen Medien in ihrem friedlichen Zuhause haben würden, behauptet das Indigo-Kind glattweg, dass er oder sie diese Videospiele *braucht*. Die starken negativen Emotionen beunruhigen und erschrecken die Erdenengel-Eltern. Also geben viele dieser Väter und Mütter den Wünschen ihrer Kinder nach, selbst wenn sie die persönlichen Grenzen verletzen (beispielsweise ihrem Wunsch, keine brutalen Videospiele im Haus zu haben).

Ein weiteres Beispiel hat mit Essen zu tun. Viele Erdenengel reagieren sensitiv auf das, was sie essen, also neigen sie dazu, sich sehr gesund zu ernähren. Wenn ein Erdenengel-Kind es ihnen nicht gleichtun will, haben die Eltern zwei Wahlmöglichkeiten: Er oder sie kann darauf bestehen, dass ihr Kind – solange es unter ihrem Dach lebt – eine bestimmte Nahrungsweise einhalten wird; oder sie können nachgeben und dem Kind erlauben, das zu essen, was es will.

Ich habe festgestellt, dass Erdenengel-Eltern, die ihren Kindern bei allem freie Hand lassen, in einem häuslichen Umfeld leben, das von ständigem Drama erfüllt ist.

Willensstarke Kinde sehnen sich im Stillen danach, dass ihre Eltern stärker sind als sie. Sie brauchen es, dass ihre Mutter und ihr Vater aufstehen und ihnen sagt, was richtig ist, denn tief in seinem Inneren weiß auch das Kind, was richtig ist. Es gehört zu einem selbstbewussten und durchsetzungsfähigen Erdenengel, dass er oder sie den Mut aufbringt, seine Wahrheit zu sagen und auf seine Grenzen zu bestehen, selbst wenn der andere ihre Worte nicht gerne hört.

Als mein sehr willensstarker Sohn Charles klein war, respektierte er meine Worte, weil ich meinte, was ich sagte, und er spürte das. Ich habe meinen Worten stets Taten folgen lassen, daher wusste er, dass ich nicht bluffte.

Der Schlüssel zur Erziehung willensstarker Kinder liegt darin, dass Sie stärker sein müssen als sie. Als Charles klein war, habe ich ständig Gott, Jesus und Erzengel Michael gebeten, mir Kraft zu geben. Und sie haben mich immer erhört.

Viele Erdenengel hatten Past Life-Beziehungen mit ihren jetzigen Kindern. Bedingt durch die lange, stürmische Geschichte unseres Planeten haben Erdenengel oft tragische oder schmerzhafte Past Life-Verbindungen mit ihren Kindern.

In vielen Fällen haben sie ihr Kind in einem vergangenen Leben verloren, was *in diesem Leben* exzessive Gefühle der Angst um ihr Kind auslöst. Aufgrund dieser Angst haben Erdenengel-Eltern eine unbewusste Neigung zur Überkompensation, indem sie alles Menschen- und Engelmögliche tun, um dafür zu sorgen, dass ihre Kinder glücklich sind – auch wenn es ihnen selbst und den Kindern zum Nachteil gereicht. Viele Untersuchungen zeigen, dass es zu großer Unsicherheit führen kann, die sie bis ins Erwachsenenalter verfolgt, wenn Kinder das Verhalten ihrer Eltern nicht einschätzen können.

Kinder blühen unter starker und klarer elterlicher Führung auf. Sie brauchen ihre Eltern, um den Mut zu haben, ihre eigenen Ansichten zu verteidigen. Sie brauchen ihre Eltern, damit sie ihnen gesunde Möglichkeiten zeigen, um mit Stress, Beziehungen, Langeweile und Zielen umzugehen.

Es ist wichtig, keine Angst vor dem Missfallen oder der Ablehnung Ihrer Kinder zu haben! Wenn Sie keine brutalen Videospiele, Junk Food, Alkohol, Schimpfworte und Ähnliches in Ihrem Haus haben wollen, haben Sie das Recht, das zu sagen und auf der Einhaltung dieser Grenze zu bestehen.

Jede Grenze, die Sie in Bezug auf Ihr Zuhause und Ihr Kind gezogen haben, ist berechtigt und muss offen zum Ausdruck gebracht werden. Aber das ist noch nicht alles: Der wichtigste Aspekt, wenn es darum geht, Ihrem willensstarken Kind – oder wem auch immer – Ihre Grenzen zu erklären, besteht darin, den Mut zu haben, auf der Einhaltung dieser Grenzen zu beharren, selbst wenn Ihr Kind Sie mit seinen Gegenargumenten zermürbt oder wütend macht, während Sie Ihren Standpunkt beibehalten.

Vergessen Sie nicht, liebe Erdenengel-Eltern: Ihre Aufgabe ist es, Ihr Kind zu hüten und ihm zu zeigen, wie es in der Welt vorankommen kann, wenn Sie nicht mehr sind. Lehren Sie Ihr Kind, stark zu sein und seinen wunderbaren freien Geist beizubehalten. Lehren Sie Ihr Kind, authentisch zu sein und seine oder ihre Rolle als Führungskraft und Aktivist zu erfüllen.

Ihr Kind lernt, indem es Ihr Verhalten beobachtet. Ihr Kind sieht, wie Sie mit Stress umgehen. Wenden Sie sich Alkohol,

Essen, Tabletten, Fernsehen oder anderen toxischen, betäubenden Gewohnheiten zu? Oder gehen Sie auf eine gesunde Weise mit Stress um, zum Beispiel, indem Sie einen Yoga-Kurs belegen oder in der Natur spazieren gehen, wenn Sie gestresst sind? Ihr Kind wird sich später genauso verhalten, wie er oder sie es bei Ihnen gesehen hat.

*Lehren Sie Ihr Kind, Sie als Elternteil zu respektieren. Lassen Sie sich nicht auf Machtkämpfe ein. Wann immer Sie sich auf einen Machtkampf mit einem anderen Menschen einlassen, setzen Sie bewusst oder unbewusst voraus, dass jemand Ihnen Ihre Macht nehmen kann. Sie haben bereits 100 Prozent Macht und müssen gegen niemanden kämpfen, um sie zurückzubekommen. Sie haben Ihre Macht nie verloren, es sei denn, Sie haben sie weggegeben. Und selbst dann können Sie Ihre Macht nicht **wirklich** weggeben, weil Gott sie Ihnen verliehen hat. Und was Gott kreiert und gegeben hat, währt ewig.*

14

Selbstbewusstsein im Umgang mit Autoritätspersonen

Sie und ich sind eins. Sie sind eins mit jedem Menschen, der auf diesem Planeten je gelebt hat und je leben wird. Unabhängig von der spirituellen Weisheit, dem Grad von Erfolg und Glück eines anderen sind Sie eins mit diesem Menschen und ihm gleichgestellt.

Gott hat uns alle gleich und gleich talentiert erschaffen. Selbstverständlich benutzt jeder seine Talente auf unterschiedliche, individuelle Weise. Manche Menschen arbeiten mit ihren Talenten und verfeinern sie, doch das *Potenzial* sowie die *angeborenen Talente* sind bei allen Menschen gleich.

Als Kinder werden wir gezwungen, mit den Wünschen und Forderungen von Autoritätspersonen konform zu gehen, und bestraft, wenn wir es nicht tun. Daher haben wir als Erwachsene unter Umständen Angst vor Autorität. Vielleicht fühlen wir uns von Chefs, Vorgesetzten, Lehrern oder Berühmtheiten zu sehr eingeschüchtert und wagen es nicht, in Gegenwart dieser Personen unsere Meinung zu sagen und wirklich wir selbst zu sein.

Angst bringt Sie immer in Ihr Ego. Ihr höheres Selbst, das eins ist mit Gott und jedem Menschen, kennt keine Angst. Ihr höheres Selbst ist 100 Prozent göttliche Liebe und Licht. Im Gegensatz dazu ist Ihr Ego 100 Prozent Angst und Dunkelheit. Wenn Sie also Angst vor Autoritätspersonen haben, sind Sie in Ihrem Ego. So einfach ist das – für jeden von uns!

Es ist, als würde das Leben Ihnen eine Fernbedienung mit zwei Knöpfen in die Hand geben: Auf dem einen steht ANGST, auf dem anderen LIEBE. Das sind unsere zwei Wahlmöglichkeiten, in allen Situationen unseres Lebens. Es gibt viele Abstufungen von Liebe, und ebenso gibt es viele Schattierungen von Angst. Doch letzten Endes geht es immer nur um diese beiden Möglichkeiten.

Es wird in Ihrem Leben viele Momente geben, wo Sie aufgerufen sind, im Umgang mit Autoritätspersonen selbstbewusst und bestimmt aufzutreten, zum Beispiel, wenn Sie sich als Aktivist für ein Thema einsetzen, das Ihnen sehr am Herzen liegt.

Vielleicht müssen Sie direkt mit Ihrem örtlichen Regierungsvertreter sprechen, um Ihre Meinung über eine Initiative oder ein zur Diskussion stehendes Gesetz zu vertreten.

Oder vielleicht müssen Sie mit Ihrem Chef über eine Beförderung oder Gehaltserhöhung reden, oder eine Idee für ein neues Projekt vorstellen.

Es ist durchaus normal, wenn Sie körperliche Reaktionen auf den Stress und die Angst vor der Konfrontation mit einer Autoritätsfigur fühlen. Diese Reaktion zeigen alle Organismen in solchen Situationen; darüber hinaus hat man uns jahrelang eingerichtert, Angst und Respekt vor Autoritätspersonen zu empfinden.

Ein passiver Mensch vertritt nie seine Meinung vor Autoritätspersonen und schaut ihnen selten in die Augen. Der passivaggressive Mensch schimpft hinter dem Rücken der Autoritätsperson über sie oder ihn und gibt ihnen offen oder im Stillen die Schuld an all seinen Problemen. Ein aggressiver Mensch wird die Autoritätsperson mit lauten und wütenden Worten oder Taten angreifen.

Doch ein selbstbewusster Mensch wird direkt zu der Autoritätsperson sprechen, mit Ehrlichkeit, Haltung und Anstand. Selbstbewusste Durchsetzungskraft ist die Möglichkeit, kreative, positive Veränderung zu schaffen und alle Ihre Beziehungen auf die höchste Vibrations-Ebene zu heben. Dazu gehört die Beziehung mit Ihrem Schöpfer, den Engeln und Menschen, die Sie lieben, Ihre karmischen Beziehungen, Ihre Beziehungen mit Autoritätspersonen, und, was am wichtigsten ist ... Ihre Beziehung mit sich selbst!

Hüten Sie sich vor Podesten

Manchmal ist die Person, die Sie als Autoritätsfigur wahrnehmen, jemand, der Ihnen sehr nahesteht. Es könnte ein Elternteil sein oder Ihr Ehepartner. Erdenengel tendieren dazu, Personen auf ein Podest zu stellen. Was bedeutet, dass Sie aus Bewunderung für den Betreffenden Ihre Vision eines idealen Menschen auf ihn oder sie übertragen.

Das Problem mit Menschen auf einem Podest besteht darin, dass sie unweigerlich herunterfallen werden. Und Sie werden enttäuscht oder sogar verzweifelt sein, wenn Sie erkennen, dass er oder sie genauso menschlich und fehlbar ist wie Sie. Jeder Mensch hat ein Ego, und Sie auch. Und das Ego führt Sie immer den Weg der Angst hinunter, voller Fehler, Irrtümer und Gefahren. Das Ego übernimmt die Kontrolle, indem es Sie überzeugt, dass Sie getrennt sind von Gott, den Engeln und jedem anderen Menschen. Das gelingt ihm, weil es Ihnen einredet, dass Sie entweder besser oder schlechter sind als Ihre Mitmenschen.

Wenn Sie jemanden auf ein Podest stellen, gehen Sie automatisch in Ihr Ego, weil Sie sagen, dass der oder die Betreffende von Ihnen getrennt ist. Angst ist das Fundament jeder Beziehung, bei der Sie das Gefühl haben, dass der andere »weniger« oder »mehr« ist als Sie. Und Angst ist ein wackeliges Fundament und der Garant für eine unglückliche Beziehung.

Wenn Sie jemanden fürchten, übergeben Sie damit Ihre Macht dieser anderen Person. In spiritueller Wahrheit gibt es keine Autoritätspersonen. Es gibt nur solche, denen wir freiwillig die Macht und Kontrolle über uns gegeben haben. Was normalerweise daran liegt, dass wir glauben, bestimmte Dinge (zum Beispiel Geld, Prestige, Beziehungen, Schutz, Anerkennung etc.) zu brauchen. Wir haben sie oder ihn in einen Halbgott verwandelt, anstatt zu erkennen, dass Gott die einzige Autorität und die einzige Quelle ist, die uns alles gibt, was wir brauchen.

Natürlich ist es schön, Menschen zu bewundern und zu schätzen. Doch machen Sie sie nicht zu etwas Besonderem, das nicht auf Augenhöhe mit Ihnen oder besser als Sie ist. Stattdessen lassen Sie sich von den bewundernswerten Eigenschaften eines anderen inspirieren, nach Ihren eigenen Sternen zu greifen!

Teil III

Sich in
der Welt behaupten

15

Zugehörigkeit und Wertschätzung

Erdenengel haben das Gefühl, als würden sie nicht so recht in diese Welt passen, als wären sie vom Himmel gefallen und müssten erst lernen, sich alleine zu behaupten. Es ist, als würden sie die Regeln nicht kennen und nirgendwo reinpassen und nirgends dazugehören. Sie leben in dem ständigen Gefühl, irgendwie seltsam und missverstanden zu sein und verurteilt zu werden.

In ihrer Kindheit werden Erdenengel häufig für ihre Andersartigkeit gestichelt und verspottet. Das ist tragisch für hochsensitive Kinder. Sie entwickeln eine geringe Selbstachtung, weil ihnen jeder sagt, dass sie komisch und anders sind – oder sie entsprechend behandelt. Dies führt zu dem Gefühl, nichts wert zu sein, das Erdenengel für den Rest ihres Lebens verfolgen wird, wenn es nicht konfrontiert und geheilt wird.

Heilung des Gefühls der Unwürdigkeit

Unwürdigkeit bedeutet, dass Sie das Gefühl haben, nicht wert zu sein, all das Gute zu empfangen, von dem Sie glauben, dass es jedem anderen zusteht. Als ein Mensch, der überzeugt ist, Gutes nicht wert zu sein, werden Sie das Gute sabotieren, das Ihres Weges kommt. Sie werden Ihre Ziele nicht hoch genug ansetzen. Sie erwarten das Schlimmste, und das ist genau das, was Sie anziehen und manifestieren werden.

Es ist von essenzieller Bedeutung für Sie zu verstehen, dass Sie absolut würdig und anderen ebenbürtig sind! Erstens wurden Sie von Gott erschaffen, als sein Ebenbild göttlicher Perfektion. Selbst wenn Sie sich alles andere als perfekt fühlen, ist Ihre Göttlichkeit nach wie vor intakt. Was Gott geschaffen hat, kann niemals verringert oder zerstört werden.

Zweitens sind Sie hier, um eine sehr wichtige Aufgabe zu erfüllen. Sie können diese Wahrheit fühlen, auch wenn Sie nicht sicher sind, worin genau Ihre Aufgabe besteht.

Der emotionale Schmerz des Gefühls der Unwürdigkeit und Einsamkeit kann tatsächlich Ihr größter Lehrer sein, der Sie zu neuen Höhen spirituellen Wachstums und Selbstverständnisses führen kann. Dies erfordert, dass Sie die Emotion vollständig zulassen und fühlen, ohne den Schmerz durch Abspaltung oder Suchtverhalten jedweder Art zu betäuben.

Lassen Sie zu, die Tiefe des existenziellen Schmerzes zu fühlen, auf diesem Planeten zu sein und sich alleine und missverstanden zu fühlen, ohne eine echte Verbindung mit irgendjemandem. Erinnern Sie sich an all die Momente als Kind und Erwachsener, wo Sie in Ihren Beziehungen unter Einsamkeit gelitten haben.

Achten Sie darauf, wie alle diese schmerzlichen und einsamen Momente miteinander verbunden sind, denn sie sind der kontinuierliche rote Faden in der Geschichte Ihres Lebens.

Diese Geschichte begann mit Ihrer physischen Geburt, als Sie plötzlich mit dieser rauen und schwierigen Erfahrung umgehen mussten. In dem Moment Ihrer Geburt fühlten Sie sich von Gott und seiner göttlichen Liebe getrennt, wie ein Neugeborenes, das nach der Brust der Mutter sucht. Und seit jenem Moment sind Sie auf der Suche nach diesem Gefühl vollkommener und reiner Liebe.

175

Die Schatten anerkennen

Anstatt sich wie ein Opfer zu fühlen oder sich selbst leidzutun, weil Sie einsam sind, lassen Sie sich von diesem Gefühl bestärken. Indem Sie sich diese zugrunde liegenden Gefühle existenzieller Angst absolut ehrlich eingestehen, werden Sie zwangsläufig Ihre Verteidigungsmechanismen aufgeben, die Sie bisher davon abhielten, sich den Gefühlen zu stellen, unter denen Sie Ihr Leben lang gelitten haben. Die Wahrheit ist, dass Sie sich seit Ihrer Geburt einsam, abgelehnt und missverstanden gefühlt haben. Sie fühlten sich ungeliebt und gaben sich selbst die Schuld daran, indem Sie glaubten, nicht liebenswert zu sein. Doch Sie wehrten sich gegen die Erkenntnis des wahren Sachverhaltes, weil Ihr Ego alles kontrollieren will.

Ihr Ego, wie das Ego jedes Menschen, möchte nicht, dass Sie die Schatten der Polarität hier auf der Erde entdecken. Diese physische Ebene ist eine Welt von Kontrasten und Gegensätzen, heiß und kalt, dunkel und hell, nass und trocken, weich und hart, gut und böse.

Ein Grund, warum Sie auf diesen Planeten gekommen sind, besteht darin, diese unterschiedlichen Gegensätze zu erfahren. Vielleicht fragen Sie sich, warum es so viel Böses, Schmerz und Leid auf diesem Planeten gibt. Und zuweilen haben Sie vielleicht das Gefühl, dass Gott Sie vergessen hat oder Ihre Gebete nicht hört.

Die Dunkelheit dieses Planeten ist nur auf seine physische Dimension zurückzuführen, die eine Plus- und eine Minusseite hat. Also hat alles einen positiven und einen negativen Pol.

Erdenengel fürchten sich oft davor, den negativen Pol des physischen Lebens anzuerkennen oder Zeit zu investieren, um mehr darüber zu lernen. Sie wehren sich dagegen, die Schattenseite des Lebens anzuerkennen, einschließlich der Tatsache, dass es Menschen gibt, die auf sehr egoistische und böse Weise handeln.

Häufig lehnen Erdenengel es ab, das Ego in jedem Menschen zu sehen, einschließlich in ihrem eigenen menschlichen Selbst. Der Grund dafür ist, dass die Engel des Himmels jenseits des Egos blicken. So wie ein himmlischer Engel möchte auch der Erdenengel nur das Gute in jedem Menschen sehen.

Dies ist eine sehr hoch vibrierende und bewundernswerte Eigenschaft bei Erdenengeln. In dieser physischen Welt jedoch ist es wichtig, beide Pole anzuerkennen. Jeder Mensch hat ein Ego. Egos sind ärgerlich, erzürnend und manipulierend. Auch Sie haben ein Ego.

Wenn Sie sich weigern, die dunkle Seite der Polarität zu sehen, werden Sie auch Ihre eigenen Ego-Probleme nicht sehen, sondern nur die Dunkelheit im Verhalten anderer Menschen, aber nicht Ihre eigene. Sie werden Ihre negativen Gefühle verleugnen und projizieren, anstatt von ihnen zu lernen und daran zu wachsen.

Wie können Sie als Mensch heilen und wachsen, wenn Sie nicht bereit sind anzuerkennen, dass Arbeit auf Sie wartet? Sich einzugestehen, dass es Arbeit zu tun gibt, bedeutet nicht, dass Sie unwürdig oder weniger wert sind als andere Menschen.

16

Begeisterte Aufregung anstatt Drama

Sie sind bereits im Frieden, weil Sie von einem friedvollen Schöpfer erschaffen wurden. Sie müssen weder in der äußeren Welt nach Frieden suchen, noch müssen Sie lernen, *wie* Sie Frieden finden können. Sie haben schon jetzt, in diesem Moment, Frieden in Ihrer Seele. Auch wenn Sie sich nicht friedlich *fühlen*, auf der geistigen Ebene *sind* Sie es. Tatsächlich ist es unmöglich, im Universum, so wie Gott es kreiert hat, nicht im Frieden zu sein.

Wenn es anders zu sein scheint und Sie das Gefühl haben, ein weniger als friedvolles Leben zu führen, dann liegt es daran, dass Ihr Ego der Herr im Haus war. Es bedeutet, dass das Ego Sie überredet hat zu glauben, dass Frieden weder wertvoll noch erreichbar ist.

Friedlich bedeutet nicht passiv oder langweilig

Das Ego versucht Ihnen weiszumachen, dass Frieden das Gleiche sei wie passives Verhalten. Es sagt, dass Sie Ihre Ambitionen und fleißigen Bemühungen aufgeben, wenn Sie im Frieden sind und dann in der konkurrierenden Arbeitswelt das Nachsehen haben.

Nichts könnte weiter von der Wahrheit entfernt sein. Inneren Frieden zu haben bedeutet nicht, dass Sie ein Faulenzer werden. Es bedeutet einfach, dass Sie wach und bewusst sind. Sie sind sich der Göttlichkeit in Ihrem Einssein mit allem, was ist, bewusst. Sie sind sich Ihrer wahren Emotionen und Meinungen

178

bewusst. Und Sie sind sich Ihrer physischen Form, Ihres Körpers und all seiner Gefühle bewusst.

In geschäftlichen Situationen kommt ein friedlicher Mensch immer weiter. Auch im beruflichen Leben ist innerer Frieden nicht dasselbe wie Passivität oder das Bedürfnis, es stets allen recht machen zu wollen.

Friedvolle Menschen sind immer selbstbewusst, denn Sie müssen Ihre Wahrheit zum Ausdruck bringen und ehrlich sein, um Ihren inneren Frieden beibehalten zu können. Wenn Sie Ihre wahren Gefühle zurückhalten, verlieren Sie nach und nach Ihren inneren Frieden.

Im Berufsleben sind friedliche Menschen auch offener dafür, göttliche Downloads brillanter Ideen zu empfangen, die erfolgreich und gerne gesehen sind. Auch verbringen die meisten Menschen ihre Zeit lieber mit einer friedvollen Person, denn sie oder er hat die anziehende Eigenschaft, warm, aufgeschlossen, offen und liebenswert zu sein. Es ist angenehm, in ihrer Gesellschaft zu sein, und genau aus diesem Grund werden sie zu Partys und Gremien eingeladen und erhalten interessante Job-Angebote. Das alte Hollywood-Film-Szenario eines harten, sarkastischen, ruppigen Chefs gehört der Vergangenheit an. Kein Mensch möchte für oder mit jemandem arbeiten, der unausstehlich ist. Stattdessen wollen alle mit einer inspirierenden Führungspersönlichkeit arbeiten.

Im persönlichen Umfeld gilt das Gleiche. Authentisch zu sein und ehrlich Ihre Wahrheit zu sagen, verbunden mit einer ansprechenden Persönlichkeit, die offen und liebevoll ist, stellt die ultimative Gewinnkombination dar.

Ein anderes Argument, mit dem das Ego uns inneren Frieden zu vermiesen sucht, will uns überzeugen, dass Frieden langweilig ist. Eine weitere Täuschung, die nichts mit der Wahrheit zu tun hat. Innerer Frieden bietet seine eigene Form von Aufregung und Begeisterung!

Wenn Sie bisher jede Menge emotionaler Achterbahnen erlebt haben, wissen Sie, wie sehr diese Erfahrungen Ihren täglichen Zeitplan stören. Drama führt zu obsessivem Denken, bei dem Sie sich darauf fokussieren, wie wütend oder verärgert Sie sind oder wie sehr Sie sich ängstigen.

Angst und Wut sind zwei der größten Tricks des Egos, die es benutzt, ums uns vom Weg unserer göttlichen Lebensaufgabe und des Friedens abzubringen. Wenn Ihnen also das Ego ins Ohr flüstert, wie ausgesprochen eintönig und langweilig es ist, ein von Frieden erfülltes Leben zu führen, fallen Sie nicht darauf herein! Das Ego versucht, Ihnen weiszumachen, dass große Dramen aufregend und sinnvoll sind und Spaß machen.

Und wenn Sie auch durch die Erfahrung schmerzhafter Ereignisse wichtige Lektionen über Leben und Spiritualität lernen können, ist dies nicht der Weg zur Erleuchtung.

Ein konstantes Drama ist sehr ermüdend und kann sogar zu emotionalen und physischen Gesundheitsproblemen führen. In Momenten von Kampf- oder Flucht-Reaktionen sondert Ihr Gehirn und Ihr Körper einen ständigen Strom von Adrenalin und Cortisol ab. Das ist alles andere als gesund und kann dazu führen, dass Sie vorzeitig altern.

Ein von Frieden erfülltes Leben kann äußerst aufregend sein! Sie können stimulierende Aktivitäten wählen, wie zum Beispiel Sport oder irgendetwas lernen, was Ihnen Freude macht, und gleichzeitig friedlich und glücklich sein. Sie können Spannung und Aufregung in den vielen neuen Gelegenheiten finden, die

Ihnen als friedlichem Menschen geboten werden, der ein Magnet ist für andere, die mit Ihnen zusammenarbeiten wollen.

Mein Leben zum Beispiel ist gleichzeitig sehr friedlich und dennoch aufregend. Ich fühle mich so gesegnet und glücklich, in der Lage zu sein, an wundervolle Orte zu reisen und bei meinen Seminaren die nettesten Menschen auf dem Planeten kennenlernen zu dürfen. Es ist wahr, innerer Frieden kann extrem beglückend und anregend sein!

Keine emotionalen Achterbahnfahrten mehr!

So wie bei jedem anderen Aspekt Ihres Lebens haben Sie auch die Kontrolle darüber, wie viel Drama Sie erleben.

Sie müssen den Anfang machen, indem Sie eine Inventur durchführen und entweder alles aufschreiben, oder sich die Zeit nehmen, alleine tief in Ihre Gedankenwelt einzutauchen und zu erkennen, wie viel Energie Sie jeden Tag mit Ihren diversen Aktivitäten verbringen. Dann wird Ihnen klar, wie viel Zeit und Energie Sie in Ihre wahren Prioritäten investieren – oder nicht.

Vielleicht sollten Sie auch ein »Drama-Tagebuch« führen, in dem Sie die Dramen notieren, die um Sie herum passieren. Bewahren Sie dieses Tagebuch nicht neben Ihrem Bett auf, wo seine Energie Ihren Schlaf stören könnte, sondern legen Sie es in eine Schublade, wenn Sie es nicht benutzen, damit es ein separates Werkzeug bleibt, das Ihnen helfen kann, und nicht ein Umriss Ihres zukünftigen Lebens.

Achten Sie auf jegliche Muster in Ihren emotional dramatischen Beziehungen. Was geben Ihnen diese Beziehungen zurück im Vergleich zu dem, was Sie investieren?

Wie viele Stunden verbringen Sie mit dem Schreiben von E-Mails, Telefonieren oder den persönlichen Gesprächen mit

Personen, die endlos über ihr Leben klagen, ohne die geringste Absicht, etwas zu verändern? Wie viel Zeit verbringen Sie jeden Tag damit, die Flammen des Dramas in Ihrem eigenen Leben oder dem Leben eines anderen zu löschen?

Um Ihren inneren Frieden zu finden, könnte es erforderlich sein, dass Sie ein paar drastische Schritte vornehmen. Haben Sie zum Beispiel das Gefühl, dass es zwei oder drei Personen gibt, mit denen Sie involviert sind und die dazu neigen, Dramen anzustiften?

Auch hier sollten Sie prüfen, wie viel diese Beziehungen Ihnen geben im Gegensatz zu dem, was Sie investieren. Vielleicht sollten Sie in Erwägung ziehen, der einen oder anderen Beziehung, die Sie von Ihrem Weg abzieht und wahrscheinlich Ihre Energie erschöpft, weniger Zeit zu widmen.

Während Ihre Seele immer im Frieden ist, fühlt sich der Rest von Ihnen unter Umständen nicht so friedvoll. Vielleicht müssen Sie Ihre Ernährungs- und Lebensweise ändern, um mehr Frieden auszustrahlen. Dazu gehört in der Regel die Entgiftung von stimmungsverändernden chemischen Stoffen und Getränken. Was also bedeutet, dass weißer Zucker, Schokolade und Koffein von der Liste Ihrer täglichen Nahrungsmittel gestrichen werden. Manche Menschen bevorzugen eine allmähliche Entgiftung, während andere den sofortigen Entzug wählen. Um ein optimales Resultat zu erzielen, sollten Sie vielleicht mit einem Ernährungsberater oder Naturheiler arbeiten, der Ihren Entgiftungsprozess überwacht.

Eine andere Form von Detox, die Ihnen zu größerem inneren Frieden verhelfen kann, besteht darin, sich von Negativität und

Drama in den Medien und anderen Bereichen Ihres Lebens zu entgiften.

Außerdem ist es empfehlenswert, sich von negativen Nachrichten, Menschen mit der Neigung zu negativen Äußerungen sowie Büchern, Fernsehshows und Filmen fernzuhalten, die erfüllt sind von unnötigem Drama. Vor langer Zeit haben mir die Engel gesagt, dass sich die Nachrichten, die wir hören oder lesen, energetisch auf uns auswirken. Sie lehrten mich, bei der Wahl von Magazinen oder Zeitungen bewusste Entscheidungen zu treffen.

Um einen langen Flug erträglicher zu machen, deckte ich mich eines Tages mit diversen Magazinen ein, einschließlich einer Ausgabe von *People* (amerikanisches Celebrity-Klatsch-Magazin). Doch gerade als ich das *People*-Magazin aufmachen wollte, hörte ich deutlich die Engel, die mir sagten: »Indem du dich auf die Dramen anderer Menschen fokussierst, bringst du mehr Drama in dein eigenes Leben.«

Ich schluckte und legte das Magazin weg. Zum damaligen Zeitpunkt hatte ich gerade mit einem irritierenden Drama in meinem Leben zu kämpfen und wollte auf keinen Fall noch mehr davon. Seit jenem Tag habe ich nie mehr ein Klatschmagazin gelesen. Und wissen Sie was? Heute ist mein Leben frei von unnötigem Drama (Hurra!). Ich bin sicher, dass mein Urteilsvermögen in Bezug auf die Medien ein entscheidender Teil meiner Drama-Entgiftung war.

Dies kann ein vorübergehender Drama-Entzug sein, bis Sie zu einem späteren Zeitpunkt entscheiden, welcher Lebensstil für Sie am besten ist. Indem Sie sich so gut wie möglich von den Ursachen für Drama distanzieren, werden Sie mit Sicherheit merken, wie Sie gelöster, entspannter und friedlicher werden. Vielleicht müssen Sie sich ja an einen Ort zurückziehen, wo es weder Fernsehen noch Mobiltelefone oder Internet gibt, um diese Drama-Entgiftung erfolgreich durchführen zu können.

Auch körperliches Training und ausreichend Schlaf können dazu beitragen, dass Sie größeren inneren Frieden fühlen. Körperliches Training ist eine der Möglichkeiten, überschüssiges Adrenalin loszuwerden und Ihren Geist und Körper wieder ins Gleichgewicht zu bringen. Wenn Sie trainieren, lösen Sie sich von dem Drama, das Sie umtost. Nach einem guten Work-out wundern Sie sich, über was alles in der Welt Sie sich eben noch so aufgeregt haben.

Das liegt zum Teil daran, dass körperliche Anstrengung die Produktion von *Serotonin* im Gehirn anregt, ein chemischer Stoff, der Ihnen zu einem Wohlgefühl verhilft, was inneren Frieden und Befriedigung zur Folge hat. Darüber hinaus kann Serotonin einen erholsameren Schlaf und Appetit auf gesündere Nahrungsmittel und Getränke fördern.

Hüten Sie sich vor dem Ego, das versuchen wird, Sie vom Weg des Friedens abzubringen. Ihr Ego liebt endloses Drama, weil es von Angst erfüllt ist. Für das Ego ist Drama etwas Süßes, da es seinen Hunger nach Angst stillt.

Drama kann im Übrigen eine weitere Verzögerungstaktik oder sogar eine Sucht sein mit dem Ziel, nicht an sich selbst oder Ihrer Lebensaufgabe arbeiten zu müssen.

Wenn Ihnen der Gedanke kommt, jemand oder etwas anderem die Schuld an Ihrem mangelnden inneren Frieden zu geben, können Sie darauf wetten, dass hier die Ablenkungsmanöver des Egos in vollem Gange sind. Das Ego will immer, dass Sie den Grund für Ihr Unglück in der Außenwelt suchen.

Die Visitenkarte des Egos ist Schuldzuweisung oder ein nach außen gerichteter Fokus. Im Gegensatz dazu übernimmt das höhere Selbst (Ihr wahres Ich) die komplette Verantwortung für sich. Das heißt nicht unbedingt, dass Sie *sich selbst* die Schuld geben. Vielmehr ist jede Form von Schuldzuweisung oder Vorwürfen, ob sie nun gegen Sie selbst oder andere gerichtet sind, eine Verzögerungstaktik und Ablenkung des Egos.

Selbstbewusste Erdenengel besitzen inneren Frieden und sind fröhlich und zufrieden, egal, was in ihrem Leben oder ihrer Umgebung passiert. Auch unter den schwierigsten und traurigsten Umständen fühlen sie stets die Gegenwart Gottes und Frieden in ihrer Seele.

Umgang mit egoistischen Personen

Wie wir an früherer Stelle bereits besprochen haben, sind »Drama-Queens« und »Drama-Kings« Personen, die süchtig sind nach der Aufregung eines Lebens auf der emotionalen Achterbahn. Sie lieben es, Aufmerksamkeit zu erregen und im Scheinwerferlicht zu stehen, indem sie die schlimmsten Probleme haben, die man sich vorstellen kann. Es sind Menschen, die alle nur denkbaren Beziehungskrisen erleiden, eine nach der anderen. Sie werden sagen, der Grund dafür sei, dass sie immer wieder Pech und keinerlei Kontrolle über diese Situationen hatten.

Wenn Sie in einer Beziehung mit einem solchen Menschen sind, ist die Wahrscheinlichkeit groß, dass es sich um eine einseitige Beziehung handelt. In der Regel haben Personen, die ständig in irgendein Drama verwickelt sind, keine Zeit, sich die Geschichten anderer Menschen anzuhören. Sie verbringen Stunden damit, Ihnen von ihren neuesten Eskapaden zu berichten, doch in dem Moment, wo Sie versuchen, das Wort zu ergreifen und über sich selbst zu reden, muss der oder die andere schnell den Hörer auflegen, weil sie was Dringendes zu erledigen hat.

Drama-Queens oder Drama-Kings werden nie fragen, wie es Ihnen geht, außer um Sie sagen zu hören: »Danke, es geht mir gut – und wie geht es dir?«, was für die Betreffenden das Stichwort ist, umgehend die letzten Episoden ihrer fortwährenden Klage vom Stapel zu lassen. Letzten Endes sind diese dramasüchtigen Menschen unsicher, narzisstisch, nur mit sich selbst beschäftigt und egoistisch.

Bitte verstehen Sie mich richtig, ich *etikettiere* diese Menschen nicht, ich rede über ihr Verhalten. Jeder, einschließlich Drama-Queens und Drama-Kings und selbst die nervigsten Personen, die Sie sich vorstellen können – jeder von ihnen ist, genau wie Sie, ein Kind Gottes. Ihr höheres Selbst ist eins mit dem höheren Selbst aller anderen. Sie werden jedoch feststellen, dass manche Menschen nur aus ihrem Ego heraus handeln, während andere gelernt haben, ihr Ego zu zähmen.

Tatsächlich ist die Angst an sich die »ultimative« Drama-Queen. Angst will das Zentrum Ihrer Aufmerksamkeit sein und Sie von Ihrer Lebensaufgabe ablenken. Was bedeutet, dass Drama-Queens und -Kings es zulassen, von ihrer Angst kontrolliert zu werden.

Wenn Sie zu viel Zeit mit Menschen verbringen, die egozentriert sind, wird dies Ihr eigenes Ego ins Spiel bringen und dazu führen, dass es lauter wird und Ihr tägliches Leben zusehends stärker kontrolliert. Und das Ego ist immer der Weg zu Schmerz anstatt Frieden.

Ein Grund, warum Erdenengel in ihren Beziehungen oft verletzt werden, liegt darin, dass sie nur das Gute in anderen Menschen sehen. Natürlich ist dies spirituell die beste Art zu leben. Jedoch in dieser 3-D-Welt der polaren Gegensätze braucht der selbstbewusste Erdenengel außerdem die Erkenntnis, dass die Handlungen mancher Menschen von ihrem Ego und ihrer Angst diktiert werden.

Menschen besitzen ein »egoistisches Gen«, und dies ist mit Aggression verbunden. Dadurch haben wir diese alte genetische Veranlagung, selbstsüchtig und aggressiv zu sein, die in der bereits lange zurückliegenden Vergangenheit eine lebensrettende Funktion hatte, heute jedoch die größten Bedrohungen der Menschheit antreibt und auslöst.

Kontrolle und Verantwortung übernehmen

Solange Sie anderen die Schuld für Ihre Probleme geben, werden Sie nie die Kontrolle über Ihr eigenes Leben haben. Macht erlangen Sie nur, wenn Sie die hundertprozentige Verantwortung für sich selbst übernehmen. Was bedeutet, dass Sie alles in Ihrem gegenwärtigen Leben selbst entschieden haben. Vielleicht haben Sie Ihre Vergangenheit nicht gewählt, aber Sie können Ihre Gegenwart und Zukunft wählen!

Letztendlich geht es darum, die Verantwortung für Ihr Leben zu übernehmen. Zu Beginn mag diese Vorstellung erschreckend oder verrückt erscheinen. Sie könnten mich falsch verstehen und meine Worte so definieren, dass andere Ihnen nicht Schmerzen zufügen und Hindernisse in den Weg legen.

So ist es nicht. Vielmehr ist es mein Anliegen, Sie zu veranlassen, Ihre »Opfer-Ehrenplakette« abzulegen und sich nicht länger als Opfer kontrollierender Personen und äußerer Mächte zu sehen. Nichts könnte weiter von der Wahrheit entfernt sein!

Glauben Sie denn wirklich, dass unser machtvoller Schöpfer schwache Wesen erschaffen würde? Glauben Sie wirklich, dass

Gott manche Menschen machtvoller als andere gemacht hat? Vielleicht glauben Sie das, wenn Sie Macht als politischen Rang, Reichtum, Bildung, Beliebtheit, Ruhm etc. sehen. Doch ist das wirklich Macht im höchsten Sinne?

Wahre Macht kommt aus dem Kern Ihres Wesens. Sie ist David, der Goliath mit einer winzigen Steinschleuder und seinem starken Glauben besiegt.

17

Keine Angst vor der eigenen Macht!

Sie müssen nicht machtvoller werden, weil Sie schon jetzt, in diesem Moment, 100 Prozent Maximalmacht haben! Vergessen Sie nie, dass Sie als Ebenbild des mächtigen göttlichen Schöpfers erschaffen wurden. Daher besitzen Sie alle Macht des Himmels, genau wie jeder andere.

Wenn Sie sich in diesem Moment macht- und wirkungslos fühlen, liegt das daran, dass Sie sich *entschieden* haben, machtlos zu sein. Was aber nicht bedeutet, dass es auch so ist!

Die spirituelle Wahrheit ist, dass Ihnen nichts und niemand jemals die Macht wegnehmen kann, die Gott in Ihrem Innersten verankert hat! Sie müssen Ihre Macht nur anerkennen und annehmen. In dem Moment, wo Sie sich Ihrer Macht bewusst sind und sie würdigen, steht sie Ihnen sofort wieder zur Verfügung. In spiritueller Hinsicht ist Macht dasselbe wie Selbstbewusstsein und Durchsetzungsfähigkeit. Sie hat weder mit Aggression zu tun noch damit, andere zu manipulieren oder zu tyrannisieren. Macht beruht nie auf Prestige, Geld, familiärem Hintergrund oder Karriere.

Macht kommt von Gott, schlicht und einfach. Da Sie nie von dieser Macht getrennt sein können, kann auch niemand Sie diesbezüglich blockieren – es sei denn, Sie geben Ihre Macht weg. Ihre Macht wegzugeben bedeutet, dass Sie auf die Erlaubnis von jemand anderem warten, bevor Sie Ihrer inneren Führung folgen.

Als Beispiel wollen wir einmal annehmen, dass Sie erneut die Schulbank drücken wollen, um sich für Ihren Traumberuf weiterzubilden. Doch haben Sie Ihren Ehemann als Autoritätsperson auf ein Podest gestellt, und Sie machen sich Sorgen, ob er Ihnen die »Erlaubnis« geben wird, wieder zur Schule zu gehen und zu studieren. Sie machen sich Sorgen, ob Sie das Geld dazu haben, neben dem Haushalt und der Familie die nötige Zeit und selbst die Intelligenz, um Ihre Ausbildung zu vervollständigen.

Erkennen Sie, wie Sie Ihre Macht einfach jemand anderem überlassen haben? Ihr Wunsch, wieder zur Schule zu gehen, entspringt wahrscheinlich einer inneren Führung, die göttlichen Ursprungs ist und Sie auf Ihre Lebensaufgabe hinweist. Indem Sie wieder zur Schule gehen oder studieren und mehr Wissen und Selbstvertrauen erlangen, werden alle Ihre zukünftigen Klienten davon profitieren. Falls Sie jedoch aus Angst vor dem, was andere Leute sagen, denken oder tun könnten, an einer Weiterbildung gehindert werden, liegt es dennoch in Ihrer Macht, letztendlich die Entscheidung zu treffen. Niemand kann Ihnen diese Macht, und die Entscheidung, nehmen!

Die himmlische »grüne Fahne«

Sie sind kein Opfer und können es auch niemals sein. Solange Sie klar im Kopf sind, wach und sich Ihrer inneren Führung bewusst, werden Sie immer in Sicherheit und unterstützt sein. Genauso wie Engel Alarmsignale senden, um Sie davor zu warnen, sich mit der falschen Person einzulassen, senden sie auch grüne Fahnen, um Sie auf den richtigen Weg zu lenken.

Grüne Fahnen erkennen Sie zum Beispiel daran, dass Sie häufige und kontinuierliche innere Anstöße erhalten, um positive Schritte oder segensreiche Veränderungen in Ihrem Leben vorzunehmen.

Nicht wenige Frauen sind mit dem Gedanken herangewachsen, dass Frauen sittsam und bescheiden sein und sich der Autorität und Macht des Mannes unterordnen sollen. Das ist völlig ungesund und unnatürlich. Jeder Mensch, egal, ob er in diesem Leben als Mann oder Frau inkarniert ist, hat den gleichen Zugang zu der Macht Gottes.

Einige Frauen haben mir gesagt, dass sie Macht mit Männlichkeit gleichsetzen. Sie fürchten, Männer abzustoßen, indem sie selbst mächtig sind. Doch die erfreuliche Wahrheit ist, dass es absolut möglich ist, um nicht zu sagen bewundernswert, sowohl weiblich als auch machtvoll zu sein. Macht bedeutet nicht, dass Sie sich wie ein Mann kleiden und andere Menschen tyrannisieren müssen. Das würde heißen, Macht mit Aggression zu verwechseln. Es ist nicht dasselbe!

Macht bedeutet schlicht und einfach, dass Sie Ihre Gefühle würdigen und den Mut haben, sie zum Ausdruck zu bringen, ohne sich dafür zu entschuldigen oder zu versuchen, die Reaktionen anderer zu manipulieren.

Ein machtvoller Mensch fühlt sich wohl in seiner oder ihrer Haut. Ein machtvoller Mensch braucht nicht die Genehmigung eines anderen, um glücklich zu sein. Emotional gesunde Männer und Frauen bewundern selbstbewusste Frauen und fühlen sich zu ihnen hingezogen.

Sie besitzen diese Eigenschaften bereits, denn Sie sind *schon jetzt* machtvoll. Vielleicht müssen Sie sich selbst daran erinnern, wenn Sie gerade erst anfangen, aufzuwachen und Ihre persönliche Macht wieder anzunehmen.

Es beginnt, indem Sie jeden Aspekt Ihres Lebens infrage stellen, wo Sie Angst vor dem hatten, was andere Leute denken könnten. Es bedeutet, sich jede Beziehung näher anzuschauen, wo Sie Ihren Partner um Erlaubnis gebeten haben. Es bedeutet, sich bewusst zu werden, welche Art von Beziehung Nervosität oder Angst in Ihnen ausgelöst hat.

Nicht wenige Menschen haben mir im Laufe der Zeit von ihrer tiefsitzenden Angst vor dem Missbrauch ihrer eigenen Macht berichtet, wenn es ihnen denn erlaubt wäre, sie voll zu entfalten. Auch hier zeigt sich, wie oft Macht mit Aggression verwechselt wird! Natürlich stimmt es, dass Sie Ihre Autorität missbrauchen, wenn Sie aggressiv sind. Aggressive Menschen gehen über Leichen, um ihre eigenen Ziele zu erreichen. Doch ein sensitiver und liebevoller Erdenengel würde nie im Traum daran denken, einem anderen Menschen Unrecht zu tun oder Schmerzen zuzufügen, um seine Ziele zu erreichen. So ein Gedanke würde ihnen nie kommen. Wenn Sie der Typ Mensch sind, der dazu neigt, andere zu malträtieren, dann sind Sie kein Erdenengel!

Manche Menschen haben Angst vor ihrer Macht, weil es bedeutet, dass sie gezwungen sind, die volle Verantwortung für ihr Leben zu übernehmen. Dieser Gedanke erschreckt sie und schüchtert sie ein. Doch die positive Wahrheit ist, dass Sie – wenn Sie die Verantwortung für Ihre Leben übernehmen – die totale Kontrolle und Macht haben. Anderen die Schuld zu geben und Opfer zu spielen ist dann nicht mehr möglich. Es bedeutet, dass Sie nicht länger um Erlaubnis fragen, um das zu tun, was Ihre Seele Sie zu tun aufruft; und es bedeutet, dass Sie den Mut haben, Risiken einzugehen und Ihr Leben so zu ändern, dass es mit Ihren Träumen und Ihrer inneren Führung übereinstimmt.

Vielleicht haben Ihre Mutter oder Ihr Vater versucht, Sie zu beschützen, indem sie forderten, dass Sie Ihre Macht im Zaum halten. Vielleicht waren Sie ein sehr willensstarkes Kind, und Ihre Eltern waren aufgrund ihres eigenen Lebens erschöpft und hatten daher nicht die Zeit oder Energie, mit Ihrem machtvollen Wesen umzugehen. Oder vielleicht wurden Sie von anderen beschämt, wenn Sie sich gemeldet und die Wahrheit ausgesprochen haben. Oder Sie wurden bestraft oder verlassen, weil Sie authentisch waren. Wenn solche Reaktionen anderer Menschen auch lange anhaltende emotionale Wunden hinterlassen können, so haben sie Ihnen dennoch nicht Ihre Macht genommen. Um es noch einmal zu sagen, nichts und niemand kann die Macht wegnehmen, die Gott Ihrer Seele verliehen hat. Ihre Macht ist ewig und immer 100 Prozent wirksam.

Ich glaube, dass Jesus versucht hat, uns zu zeigen, dass wir alle mit Gott verbunden sind und dass wir alle diese Macht haben. Er sagte, dass wir alle durch den Glauben die Wunder herbeiführen können, die er bewirkt hat – und mehr. Die Zeit ist gekommen, nicht länger »Kindchen« zu spielen! Ihre Lebensaufgabe könnte es sein, die Welt zu verändern und den ganzen Planeten zu retten!

Verzögerungstaktiken

Das Ego will nicht, dass Sie wissen, wer Sie sind. Es ist ihm viel lieber, wenn Sie in Angst und Unsicherheit gehüllt bleiben und glauben, Ihre Lebensaufgabe wenn überhaupt, dann erst irgendwann in der Zukunft erfüllen zu können und sich zum gegenwärtigen Zeitpunkt nicht im Entferntesten qualifiziert oder ausreichend vorbereitet fühlen, um diese Aufgabe anzugehen.

Das Ego ist der tyrannische Diktator in uns allen, der möchte, dass wir im Dunkeln bleiben, damit er weiterhin die Kontrolle behalten kann. Wir zahlen einen hohen Preis für diese Tyrannei, indem wir uns die Freude und Ekstase versagen, Risiken einzugehen und damit unserer inneren göttlichen Führung zu folgen.

Das Ego benutzt Verzögerungstaktiken, um sicherzugehen, dass Sie nie Ihre Aufgabe wirklich erfüllen. Zu diesen Taktiken gehört jegliches zwanghafte Verhalten, das Sie von Ihrem Weg abdrängt. Das Ego wendet Verzögerungstaktiken an, um Sie von dem Gefühl abzulenken, dass Sie das Recht bzw. genug Zeit und Bereitschaft haben, um Ihre Berufung zu realisieren.

Ihre Lebensaufgabe hat immer mit Liebe im weitesten Sinne zu tun. Und die Art der Liebe Ihrer individuellen Aufgabe ist etwas, das Ihr Interesse, Ihre Zielstrebigkeit sowie Ihre angeborenen Talente und Passionen weckt und Sie begeistert.

Wenn Sie zum Beispiel verrückt nach Tieren sind und sie beinahe mehr als das Leben selbst lieben, ist dies ein Zeichen, dass Ihre Lebensaufgabe etwas mit Tieren zu tun hat. Oder wenn Sie großen Spaß an künstlerischen oder kreativen Projekten haben, dann ist dies ein Zeichen, dass künstlerische Betätigung und Kreativität Teil Ihrer Lebensaufgabe sind. Wenn Sie es lieben, mit Menschen zu reden und ihnen zu helfen, Einsichten zu gewinnen, hat Ihre Lebensaufgabe mit Therapie, Beratung oder Lehren zu tun.

Wenn Sie sich in Ihrem Leben frustriert oder blockiert fühlen, leiten Sie diese Gefühle in Richtung positiver Handlungsschritte! Und lassen Sie sich von keinem sagen, dass Sie es nicht können. Als ich vor langer Zeit den Entschluss fasste, als Autorin Bücher zu veröffentlichen, habe ich dies gegenüber meinem Professor und Supervisor in Psychologie erwähnt. Er brach sofort in schallendes Gelächter aus und sagte, dass ich wohl kaum die Fähigkeiten hätte, um als Autorin publiziert zu werden.

Zum Glück ließ ich mich von seinem Gelächter nicht davon abhalten, meinen Traum zu verfolgen. Irgendwie gelang es mir, meinen Mut zusammenzunehmen, mein erstes Buch zu schreiben und es einem Verlag anzubieten, obwohl meine persönliche

Autoritätsperson (mein Professor und Lehrer) versucht hatte, mich davon abzubringen.

Wenn ich heute, 25 Jahre später, an diesen Augenblick zurückdenke, will mir scheinen, dass sein Kommentar darauf zurückzuführen war, dass er den Glauben an sich selbst verloren hatte und dies auf mich projizierte. Wenn er mutig seine Träume verfolgt hätte, hätte er automatisch andere Menschen ermutigt, ihren eigenen zu folgen.

Manchmal werden andere versuchen, Ihnen auszureden, Ihre Träume realisieren zu wollen in dem Versuch, Sie vor Enttäuschung zu bewahren. Ich verspreche Ihnen, dass unweigerlich Enttäuschungen auf Sie warten, wenn Sie Ihre Träume verfolgen, doch Sie werden sie überwinden! Enttäuschungen sind keine Bestrafungen im Leben; vielmehr sind sie Maßstäbe für Ihren Fortschritt.

Fürchten Sie sich nie vor Versagen oder Enttäuschung, denn dies sind lediglich vorübergehende Erfahrungen auf dem Weg zur Realisierung Ihrer Träume. Nur weil Sie hinfallen, heißt das nicht, dass Sie am Boden bleiben werden, es sei denn, Sie geben auf.

Ich persönlich habe im Laufe der Jahre sowohl in meinem Beruf als auch in meinem persönlichen Leben viele Rückschläge erlebt. Wahrscheinlich hätte ich Rückschläge auch dann erlebt, wenn ich meine Träume *nicht* verfolgt hätte. Doch das Glücksgefühl, das ich durch die Arbeit an meinen Träumen gewinne, hat mir die Kraft und Ausdauer gegeben, diese Rückschläge zu überleben.

Wie ich an früherer Stelle erwähnt habe, waren meine Kinder noch sehr klein, als ich mit dem Schreiben begann; außerdem hatte ich einen Vollzeitjob als Sekretärin. In der Mittagspause besuchte ich Kurse im College – ich war extrem beschäftigt! Ich hätte leicht sagen können, dass ich keine Zeit habe, um meine Bücher zu schreiben. Und niemand hätte mir deswegen Vorwürfe gemacht. Doch ich machte weiter und schrieb sie trotzdem, denn die Vorstellung, meinen Traum *nicht* wahrmachen zu können, war schlimmer als der Gedanke, zu versagen, wenn ich es versuchte.

Am Anfang ließ ich es zu, dass meine eigenen Ego-Ängste mich einholten. Anstatt zu schreiben, schob ich die Arbeit an meinen Büchern auf und konzentrierte mich auf den Haushalt. Ich war der unbewussten Überzeugung, dass es mir nicht erlaubt war, meine eigenen Träume zu verfolgen, bevor mein Haus nicht perfekt sauber und aufgeräumt war. Ich rechtfertigte dies, indem ich mir sagte, meine Söhne seien noch zu klein und ich wolle vermeiden, dass sie in Kontakt mit Bakterien kamen.

Wenn ein Fleck auf dem Teppich war, rieb und reinigte ich so lange daran herum, bis er vollends verschwunden war. Jeden Tag machte ich den Kühlschrank von oben bis unten sauber. Mit anderen Worten, ich übertrieb es mit der Hausarbeit. Obwohl es wichtig ist, für eine hygienische Küche und ein sauberes Zuhause zu sorgen, benutzte ich Hausarbeit offensichtlich als Verteidigungsmechanismus gegen meinen inneren Wunsch, mit dem Schreiben anzufangen. Auf diese Weise sorgte ich dafür, dass ich einerseits zwar nie Erfolg haben würde, andererseits aber auch niemanden enttäuschen würde, falls ich versagte und mein Buch nicht veröffentlicht würde.

Als ich irgendwann erkannte, was ich da tat, kam diese unbewusste Angst natürlich an die Oberfläche, wo ich mich ihr stellen konnte. Ihre Ängste zu konfrontieren ist der Schlüssel, um sie zu überwinden!

196

Und was sind Ihre Ängste? Nehmen Sie sich einen Moment Zeit, um sie zu konfrontieren und zu erkennen, dass sie in Wahrheit auf Ihre Albträume in der Kindheit zurückzuführen sind, die keinerlei Macht über Sie haben.

Verzögerungstaktiken bei Suchtverhalten

Verzögerungstaktiken sind in der Regel zwanghafte Verhaltensformen, mit denen Sie versuchen, Ihre Ängste zu verdrängen. Hier einige Beispiele, die Erdenengel gerne benutzen:

- ❀ Esssucht
- ❀ Drogenmissbrauch
- ❀ süchtiges Internet-Surfing
- ❀ zwanghaftes Einkaufen
- ❀ Sex- oder Liebessucht

Eine wenig bekannte und tückische Verzögerungstaktik besteht darin, jemand anderen zu retten. Dazu gehört, jeden Tag eine Stunde oder mehr am Telefon zu hängen und sich die neuesten Probleme und Dramen Ihres Freundes oder Ihrer Freundin anzuhören. Hier sollte ich vielleicht erwähnen, dass diese bestimmte Freundin immer ein brandneues Bündel von Dramen und Problemen anzubieten hat. Oh, und ich sollte *auch* noch erwähnen, dass sie nicht die geringste Absicht hat, ihr Leben zu ändern. Sie ruft nur an, um damit anzugeben, wie einzigartig sie ist, weil sie alle diese ungeheuren Probleme hat. Sie ruft an, weil die Tatsache, dass Sie ihr zuhören, ihre Art zu leben bestätigt. Sie benutzt Sie als eine Verzögerungstaktik für sich selbst, denn solange sie in einem Drama nach dem anderen verwickelt ist, ist das für sie eine Entschuldigung, keine Zeit oder Energie zu haben, sich auf ihre Lebensaufgabe zu fokussieren.

Sie können dieser Freundin (oder diesem Freund) alle möglichen wunderbaren Ratschläge geben, doch sie wird sie nie annehmen oder in die Tat umsetzen. Stattdessen wird sie die Antwort geben »Ja, aber...«, als Ausrede, warum sie Ihren Rat nicht befolgen kann.

Hier handelt es sich nicht wirklich um eine Freundschaft, es sei denn, die Freundin ist bereit, sich auch Ihre Probleme anzuhören, wenn sie genug über ihre eigenen gesprochen hat. In der Regel ist diese Art von Freundin oder Freund eine Drama-Queen bzw. ein Drama-King (wie im vorherigen und früheren Kapiteln über toxische Beziehungen nachzulesen ist), der einen Resonanzboden sucht oder jemanden, der ihn oder sie bestätigen wird. Sie brauchen keine einseitigen Beziehungen in Ihrem Leben – sie sind ungesund und kraftraubend. Um also den Kreislauf dieser Verzögerungstaktik-Beziehungen zu durchbrechen, müssen Sie sich selbst diese machtvolle Wahrheit eingestehen: *Sie benutzen diese Freundin genauso, wie sie Sie benutzt.*

Sie halten diese Beziehung aufrecht, weil sie einen nützlichen Zweck als Verzögerungstaktik erfüllt. Sie dient Ihnen als Rechtfertigung dafür, dass Sie nicht an Ihrer eigenen Lebensaufgabe arbeiten, weil Sie zu sehr damit beschäftigt sind, Ihrer Freundin bei der Bewältigung ihrer Probleme zu helfen. Doch wenn Sie ehrlich mit sich selbst sind, können Sie sehen, was für eine Zeitverschwendung diese Vereinbarung ist, die Sie beide unbewusst eingegangen sind.

Diese Form von ständigem Drama und einseitiger Beziehung muss entweder beendet werden, oder Sie müssen anders damit umgehen. Ihre erste Priorität sollte sein, dass Sie für Ihre physische, geistige und spirituelle Gesundheit sorgen, damit Sie sowohl ein wichtiges Mitglied der Gesellschaft als auch für Ihre Familie da sein können.

Und zu dieser Art von Selbstfürsorge gehört, dass Sie sich jeden Tag – ohne Ausnahme – mindestens eine Stunde auf Ihre Passionen, Prioritäten und Aufgaben fokussieren (was in der Regel ein und dasselbe ist).

Selbstbewusst sein heißt, ehrlich mit sich selbst und anderen zu sein, wie wir auf den Seiten dieses Buches immer wieder betont haben. Dazu gehört der Mut, sich Ihren Süchten und anderen Verzögerungstaktiken zu stellen.

Falls Ihr Suchtverhalten außer Kontrolle geraten ist, holen Sie sich professionelle Hilfe, einschließlich kostenloser Hilfsgruppen wie Al-Anon und Anonyme Alkoholiker, die Sie online oder in Ihrer Nähe finden können. Für fast jede Sucht gibt es 12-Schritte-Programme, einschließlich Essstörungen, zwanghaftes Shopping, ko-abhängige Beziehungen und Drogenmissbrauch.

Viele dieser Formen von Suchtverhalten sind in Wahrheit Versuche, mehr Glück und Frieden zu finden. Das Ego sagt Ihnen, dass Sie nach diesem einen weiteren Glas Alkohol, diesem einen neuen Kleid, dieser einen neuen Beziehung, dieser einen weiteren Zigarette etc. etc. ... endlich glücklich und zufrieden sein werden.

Gestehen Sie sich ehrlich ein, dass diese Verzögerungstaktiken genau das Gegenteil getan und in Wahrheit Ihr Glück, Ihre Gesundheit und Ihre Lebensaufgabe verhindert haben. Führen Sie ein inneres Gespräch mit Ihrer Verteidigungstaktik, und verabschieden Sie sich von ihr. Seien Sie bereit, sich selbst und jedem anderen zu vergeben, der Ihnen dieses Vorgehen ermöglicht hat. Vielleicht wird Ihr Sinn für Humor Ihnen sogar zeigen, dass Ihre Verzögerungstaktik Teil unserer menschlichen Marotten und Schwächen ist.

Jede Erfahrung, die Sie in Ihrem Leben gemacht haben, war eine Möglichkeit für Sie, zu lernen und zu wachsen. Und so haben alle Verzögerungstaktiken, deren Sie sich bedient haben, Sie etwas gelehrt und Ihnen Segen gebracht, selbst wenn Sie das in diesem Moment noch nicht erkennen.

Der Zweck von Verzögerungstaktiken besteht darin, Sie davon abzuhalten, den nächsten Schritt zu tun. Diese Taktik ist der Weg, mit dem Ihr Unbewusstes und Ihr Ego Sie daran hindern, jemals Ablehnung oder Enttäuschung in Bezug auf Ihre Träume zu erfahren. Verzögerungstaktiken erlauben Ihren Träumen, in einem Zustand des Aufschiebens zu verharren und sich nie mit dem Schmerz konfrontieren zu müssen, dass Ihre Träume nicht realisierbar sind, auch wenn Sie es versuchen würden.

Träume jedoch, genau wie Lotterielose, können nur wahr werden, wenn Sie Ihnen eine Chance geben. Und dann tun Sie jeden Tag mindestens eine Stunde etwas, um sie zu *realisieren*. Es spielt keine Rolle, *was* Sie tun, nur *dass* Sie etwas tun – irgendetwas –, das mit Ihrem Traum zusammenhängt.

Liebessucht

Ob Sie es glauben oder nicht, man kann süchtig nach Liebe werden! Nicht nach der göttlichen Liebe, die 100 Prozent gesund ist, sondern der verrückten Hin-und-weg-Form von Liebe.

Erdenengel sind aufgrund ihrer Schwäche für die Ekstase himmlischer Liebe und ihrer romantischen Sehnsucht nach einem Seelengefährten besonders Liebessucht-gefährdet.

Liebessucht bedeutet, dass Sie ständig nach »dem Einen« suchen, damit Sie endlich die perfekte, märchenhafte Romanze erleben können, von der Sie träumen. Sie werden süchtig nach den Endorphinen und Neurotransmittern, die mit Liebesbeziehungen einhergehen, wie zum Beispiel Phenylethylamine (PEA), dem chemischen Wohlfühl-Stoff, den Ihr Gehirn produziert, wenn Sie sich verlieben. Es ist derselbe chemische Wirkstoff, der in Schokolade enthalten ist, und gehört zu der gleichen Gruppe wie die Droge Ecstasy. PEA gibt Ihnen das Gefühl, als würden Sie auf Wolken schweben.

Der andere chemische Wirkstoff, der mit Liebe assoziiert ist, heißt Oxytocin, ein Hormon, das abgesondert wird, wenn eine Frau sexuell erregt ist. Dieses Hormon bindet die Frau emotional an ihren Partner – was ein Grund ist, warum Frauen in der Regel keinen unpersönlichen Sex haben können: Oxytocin führt dazu, dass sie eine ernste Beziehung mit jedem haben wollen, mit dem sie ins Bett gehen.

Die Sucht nach Liebe kann zur Gefahr werden, wenn Sie sich auf Ihrer Suche nach dem süchtig machenden Liebesgefühl mit gewalttätigen oder unpassenden Menschen einlassen. Außerdem kann diese Sucht zu sexuell übertragenen Krankheiten sowie geringer Selbstachtung und Schuldgefühlen führen.

Wenn Sie glauben, liebessüchtig zu sein, können Sie sich zwecks Hilfe an die 12-Schritte-Gruppe SLAA (Sex and Love Addicts Anonymous) wenden, die kostenlose Online-Unterstützung anbietet, um Ihnen zu helfen, sich von unpassenden Beziehungen oder Ihrer Sucht danach zu befreien. SLAA basiert auf dem gleichen wirksamen Modell wie AA (Anonyme Alkoholiker), das Millionen Menschen geholfen hat. Gehen Sie einfach auf *www.slaafws.org*, um Ressourcen und Online-Gruppentermine zu finden.

Perfektionismus und Paralyse

Wenn Sie perfektionistische Tendenzen haben, kann es sein, dass Sie versuchen, die Arbeit an Ihrem Traum aufzuschieben, bis Sie den Ihrer Meinung nach perfekten Zeitpunkt gefunden haben. Das garantiert Ihnen, dass Sie nie den Weg Ihrer Lebensaufgabe gehen müssen. Denn – seien wir doch ehrlich – es gibt nie einen idealen Zeitpunkt für Sie, um mit der Arbeit an Ihrem Traum zu beginnen.

Ihr Ego wird Ihnen einzureden versuchen, dass Sie sich zuerst bereit fühlen müssen, bevor Sie anfangen können. Doch die Wahrheit ist, dass das Ego Ihnen niemals erlauben wird, sich bereit zu fühlen, weil es Sie immer mit Lügen über Unsicherheit und Angst füttern wird.

Ihr Ego wird Sie zu überzeugen versuchen, dass Sie unvorbereitet, unqualifiziert oder ein Schwindler und Scharlatan sind.

Tatsächlich wird eine der beliebtesten Verzögerungstaktiken des Egos »Blender-Phänomen« genannt. Was bedeutet, dass Sie sich mit jedem anderen Menschen vergleichen und dabei den Ego-Glaubenssatz der Trennung ins Spiel bringen, der Ihnen weismachen will, dass Sie weniger wert sind als andere.

Das Ego wird zudem versuchen, Ihnen zu sagen, dass Sie nicht qualifiziert bzw. ein Hochstapler sind, der sich seinen Weg zum Erfolg erschlichen hat, ohne die dafür nötigen Voraussetzungen zu besitzen. Es warnt Sie, dass Sie irgendwann als Blender entlarvt werden, was bedeutet, dass alle Ihre harte Arbeit umsonst gewesen wäre.

Wenn Sie auf die Warnungen des Egos hören, dass Sie ein Blender sind, werden Sie von dem irreführenden Gedanken, sich schützen zu müssen, wie paralysiert sein. Sie werden Angst davor haben, den ersten Schritt zu tun, weil Ihr Unterbewusstsein sich an Ihre Kindheit oder andere Lebenszeiten erinnert, als Sie lächerlich gemacht wurden.

Es wird nie einen Zeitpunkt geben, wo Sie sich hundertprozentig zuversichtlich, qualifiziert oder bereit fühlen. Das liegt daran, dass ein solcher Zeitpunkt nicht existiert. Sie verbessern sich und Ihr Leben ständig. Es wird immer irgendein Problem oder Drama geben, das versucht, Sie von Ihrem Weg abzubringen. Genauso gibt es immer irgendeine Krise in der Welt oder Turbulenzen in der Familie. All dies können Ausreden für Sie sein, Ihren Fokus auf *diese Dinge* anstatt auf Ihren Traum zu richten. Das geht zurück auf das, was ich schon mehrmals gesagt habe: Nur eine Stunde am Tag, die Sie uneingeschränkt der Arbeit an Ihrem Traum widmen, wird der segensreiche Geist in der magischen Flasche sein, der Ihnen Ihre Wünsche erfüllt.

Falls Sie das Gefühl haben, keine Stunde täglich frei halten zu können, wollen wir uns diese Überzeugung näher anschauen. Vielleicht sind Sie morgens oder am Abend müde, während der Rest des Tages dem Job oder anderen Verpflichtungen gewidmet ist. Was bedeutet, dass Sie einfach Ihren Energielevel anheben müssen, damit Sie jeden Tag mehr Zeit für sich haben. Es bedeutet nicht, sich mit Koffein oder anderen Drogen vollzupumpen in dem Versuch, Ihre Energie künstlich zu stimulieren.

Ihre Energie muss auf natürliche Weise stimuliert werden, durch körperliches Training, Bewegung, Sonnenlicht und eine gesunde Ernährung. Indem Sie die Zeit finden, sich körperlich zu betätigen und gesund zu ernähren, werden Sie jeden Tag mit vielen zusätzlichen Stunden sinnvoller Zeit belohnt. Und diese zusätzliche Zeit können Sie benutzen, um täglich an der Realisierung Ihres Traumes zu arbeiten. (In Kapitel 19 werden wir mehr darüber erfahren, wie Sie Ihre verfügbare Zeit und Energie verbessern können.)

Wenn Sie nicht wissen, was Ihre Lebensaufgabe ist, sind Sie damit nicht allein! Im Moment wollen wir uns auf das fokussieren, was Sie wissen. Sie *wissen*, welche Aktivitäten Ihnen große Freude und spirituelles Wachstum schenken. Also verbringen Sie die verfügbare Zeit mit diesen Aktivitäten.

Vergessen Sie nie, dass Sie im Hinblick auf Ihren Zeitplan Ihre eigene Autoritätsperson sind. Sie müssen niemanden um Erlaubnis bitten, eine Stunde am Tag für sich selbst frei halten zu dürfen. Geben Sie *sich selbst* die Erlaubnis und Autorität, einen Teil Ihrer Zeit dem Schreiben, Forschen, künstlerischer Kreativität oder anderen Aktivitäten zu widmen, die mit Ihren Intentionen, Passionen und Ihrer Lebensaufgabe zu tun haben.

Ihre eigene Macht ist spürbar, wenn Sie jeden und alles aufgeben, was Ihre Zeit vergeudet und Ihre Energie schwächt. Bitte überprüfen Sie jeden Aspekt Ihres Lebens, und stellen Sie sich die Frage, was er Ihnen bringt.

Wenn Sie eine endlose Reihe von Beziehungen und Situationen haben, bei denen Sie immer derjenige sind, der gibt und sich kümmert, schauen Sie sich das genau an. Warum wählen Sie dermaßen aus dem Gleichgewicht geratene Proportionen des Gebens und Nehmens in Ihren Beziehungen?

Manchmal wählen wir unausgewogene, einseitige Beziehungen, weil sie uns das Gefühl geben, die Fäden in der Hand zu halten. Wenn wir der- oder diejenige sind, die immer nur geben, können wir uns so fühlen, als ob wir in der Beziehung das Sagen haben. Vielleicht gibt es uns ein besseres Gefühl für uns selbst, eine Beziehung mit jemandem zu haben, dessen Leben im Vergleich zu unserem ein ständiges Drama ist. Oder vielleicht füttert es die Gerüchteküche, zu der wir gerne gehören würden, um uns als etwas Besonderes zu fühlen. Doch vergessen Sie nicht, dass Besonderheit ein zweischneidiges Schwert ist.

Wenn Sie das Gefül haben, besser zu sein als jemand anderes, sind Sie in Ihrem Ego gefangen. Es ist ausgesprochenes Schwarz-Weiß-Denken. Wenn Sie meinen, besser oder schlechter zu sein als ein anderer Mensch, befinden Sie sich im Ego-Zustand des Glaubens an Trennung.

Der einzige Weg zum Frieden und der einzige Ausweg aus der Tyrannei des Egos besteht darin, Ihren Geist ständig zu trainieren und zu wissen, dass Sie eins sind mit allen.

Es ist schön, wenn Sie Komplimente bekommen und Sie sich dadurch positiv gespiegelt fühlen, denn das ist Teil der Selbstfürsorge und Selbstliebe. Ebenso schön ist es, wenn jemand Sie lobt und Sie dies freundlich und bedacht als das Geschenk annehmen, das es ist. Seien Sie liebenswürdig, und weisen Sie Komplimente nicht zurück. Ein Lob abzulehnen ist das Gleiche, wie ein Geschenk abzulehnen, das jemand Ihnen überreicht.

Machen Sie sich nie und unter keinen Umständen schlecht, weder zum Scherz oder im Ernst. Wenn Sie schlechte Dinge über sich sagen, liegt das oft daran, dass Sie versuchen, das Mitleid oder die Schuldgefühle eines anderen Ihnen gegenüber zu manipulieren oder zu kontrollieren. Das kann unter Umständen ein unbewusster Prozess sein.

Die Worte, die Sie über sich selbst sagen, werden in Ihrem Unterbewusstsein registriert; von dort aus wirken sie sich auf Ihre Selbstachtung und Ihr Selbstvertrauen aus. Es ist essenziell, dass Sie nur positive Worte und Sätze benutzen, wenn Sie sich beschreiben. Sie können sehr bescheiden sein und gleichzeitig ein gutes Gefühl sich selbst gegenüber haben. Bescheidenheit heißt, dass Sie sich selbst und andere ehren und respektieren, was etwas ganz anderes ist als Selbstironie, mit der Sie sich klein machen, weil Sie glauben, nicht gut genug zu sein.

Sich an die eigene Macht gewöhnen

Schauen Sie kleinen Kindern oder Tieren zu, wie sie miteinander umgehen, und Sie werden perfekte Beispiele ehrlicher Selbstbehauptung sehen. Sie werden merken, dass Tiere und Kinder kein Problem damit haben, ihre Bedürfnisse und Gefühle kundzutun. Im Grunde genommen ist es für alle Lebewesen natürlich, sich frei und ungeniert auszudrücken.

So wie bei jeder neuen Lebensweise werden Sie sich allmählich immer mehr an Ihre persönliche Macht gewöhnen und sich damit wohlfühlen. Zu Beginn kann es sein, dass Sie sich unbehaglich fühlen oder wie ein Schwindler, wenn Sie offen und ehrlich Ihre Wahrheit zum Ausdruck bringen. Vielleicht warten Sie sogar auf die nächste Ohrfeige, indem Sie sicher sind, dass jemand Sie zur Rede stellen oder bestrafen wird, weil Sie kein Blatt vor den Mund genommen haben. Ihre neue Direktheit kann unter Umständen alte Phobien aus Ihrer Schulzeit an die Oberfläche bringen, als Sie erst dann den Mund aufmachen durften, wenn man es Ihnen erlaubte.

Doch mit jedem kleinen oder großen Erfolg, der mit Ihrer ehrlichen Direktheit einhergeht, wird Ihr Selbstvertrauen gestärkt, und Sie fühlen sich zunehmend wohler mit Ihrer persönlichen Macht.

Vergessen Sie nicht: Macht ist etwas Natürliches. Indem Sie sich also erlauben, machtvoller zu werden, erfahren Sie tatsächlich Ihr wahres und natürliches Selbst.

206

Teil IV

Werkzeuge und Führung für Erdenengel

18

Energiearbeit für Einfühlsame

Als hochsensitives Wesen fühlen Sie die Emotionen jedes anderen. Ihr Körper funktioniert wie ein Schwingungsinstrument, vergleichbar einer Trommel, die in Übereinstimmung mit den Gedanken und Emotionen anderer Menschen vibriert.

Als sensitiver Erdenengel absorbieren auch Sie die Gedanken und Gefühle anderer Personen. Das ist der Grund, warum Sie sich nach einem Gespräch mit jemandem manchmal ausgelaugt oder gereizt fühlen. Zum Teil liegt es daran, dass Sie sich Sorgen darüber machen, ob der andere eine problematische Situation ertragen kann, in der er oder sie involviert ist.

Oder Sie machen sich Sorgen, ob die andere Person Sie mag oder wütend auf Sie ist, eine sehr weit verbreitete Sorge unter Erdenengeln.

Vielleicht überkompensieren Sie sogar, um sicherzugehen, dass der andere nicht wütend auf Sie ist, indem Sie dem oder der Betreffenden mehr geben, als im Rahmen Ihrer Beziehung eigentlich angebracht wäre. Wenn Sie die Tendenz haben, über die Maßen großzügig zu sein – vor allem mit Personen, die Ihnen nichts zurückgeben –, ist dies ein Zeichen, dass Sie sich ängstlich und unsicher fühlen.

Außerdem ist es ein Zeichen, dass Sie die Energie anderer Menschen absorbiert haben, und das verwirrt Sie.

Abschirmung

Sich abzuschirmen ist dasselbe, wie einen Regenschirm zu benutzen, wenn es regnet.

Abschirmung bedeutet Schutz gegen raue, negative oder auch niedrige Energien. Sich selbst abzuschirmen ist eine Möglichkeit, dafür zu sorgen, dass Ihre Energie stark und sauber bleibt, insbesondere wenn Sie durch eine raue Umgebung reisen oder in einem harschen Umfeld arbeiten. Wenn Sie zum Beispiel in einer Firma tätig sind, bei der es jede Menge Rivalität, politische Schachzüge oder Negativität gibt, wird sich das auf Sie auswirken. Ähnlich verhält es sich, wenn Sie mit jemandem zusammenleben, der zu Negativität neigt: Sie werden seine oder ihre Energie absorbieren, es sei denn, Sie schirmen sich ab.

Hier ein paar Möglichkeiten, sich abzuschirmen:

Kristalle

Kristalle sind machtvolle Minerale, Steine und Edelsteine, die unterschiedliche Energien umwandeln, schützen und verstärken. Diese schützenden Kristalle am Körper zu tragen, neben Ihr Bett oder auf Ihren Schreibtisch zu platzieren kann helfen, negative Energie abzulenken.

Zu den wirkungsvolleren Kristallen gehören unter anderem:

- ❀ **Amethyst:** Dieser herrliche lilafarbene Edelstein hilft, die Energie in Ihrer Umgebung sowie in Ihrem Inneren zu erhöhen.
- ❀ **Obsidian:** Dieser wunderschöne schwarze Stein hält Negativität, Wut und außersinnliche Angriffe fern.

209

- **Zitrin/Gelber Quarz:** Dieser liebliche hellgelbe Stein hilft, positive Energie zu verstärken und Negativität zu beseitigen.
- **Klarer Quarz:** Dieser schöne klare Kristall bricht Sonnenstrahlen und verwandelt sie in Regenbogen. Er tut dasselbe mit negativer Energie, indem er sie zerbricht und umwandelt.
- **Rauchquarz:** Legen Sie diesen braunen Kristall neben Ihr Bett, und Sie werden buchstäblich im Schlaf Negativität aus vergangenen Beziehungen loslassen.
- **Rosenquarz:** Dieser blassrosa Kristall hilft, Sie in Liebesbeziehungen zu beschützen.
- **Lapislazuli:** Dieser herrliche blaue Stein bietet ausgezeichneten allgemeinen Schutz.

Engel-Lichter

Sie können Erzengel Michael, den Beschützer-Engel, bitten, Sie mit seinem königsblauen und purpurnen Licht zu beschirmen. Sagen Sie einfach nur laut oder innerlich: »*Erzengel Michael, bitte umgib mich jetzt mit deinem schützenden Schild.*« Da dieser Erzengel unbegrenzt ist, kann er sofort und gleichzeitig jeden beschützen, der ihn darum bittet.

Darüber hinaus können Sie Gott bitten, Ihnen zusätzliche Schutzengel zu schicken, um Sie, Ihre Lieben, Ihr Zuhause, Ihr Auto oder jeden anderen Menschen, Ort oder Besitz zu schützen. Es gibt eine grenzenlose Anzahl von Engeln, und wir müssen nichts weiter tun, als um zusätzliche Engel zu bitten, und schon sind sie da.

Energie-Klärung

Genauso wichtig wie Abschirmung ist die Klärung Ihrer Energie. Wann immer Sie sich müde, durcheinander oder vom Pech verfolgt fühlen, nehmen Sie sich Zeit, um Ihre Energie zu klären. Häufig sind diese Symptome ein Zeichen dafür, dass Sie Negativität absorbiert haben.

So wie beim Abschirmen gibt es auch hier viele gute Möglichkeiten, die eigene Energie zu klären. Ich persönlich sage dann am liebsten: »Erzengel Michael, bitte kläre jegliche Energie in meinem Inneren und um mich herum, die nicht erfüllt ist von Gottes Liebe und Licht.« Der Erzengel wird umgehend jedem zu Hilfe kommen, der ihn darum bittet, denn er liebt uns alle und hat die Fähigkeit, allen gleichzeitig zu helfen.

Eine andere Möglichkeit zur Klärung von Energie besteht darin, ein warmes Bad mit Meersalz zu nehmen (das Sie in jeder guten Drogerie kaufen können.) Außerdem können Sie dem Badewasser reine Blumenessenzen und essenzielle Öle hinzufügen sowie weiße Kerzen um die Badewanne herum platzieren als sprichwörtlichen »Brennpunkt« für die Intention, Ihre Energie zu klären.

Auch Massage oder ähnliche Körperarbeit eignet sich wunderbar zur Energie-Klärung. Das gilt vor allem dann, wenn Sie mit einem Massagetherapeuten arbeiten, der nicht nur körperliche Verspannungen beseitigen kann, sondern Erfahrung hat mit der Freisetzung von Energie.

Ihre Ernährung umzustellen und keine toxischen Nahrungsmittel mehr zu sich zu nehmen ist eine weitere Möglichkeit, sowohl physische als auch energetische Toxine loszuwerden. Sie können zum Beispiel eine Saftkur machen oder mit Kräutern und Nahrungsergänzungsmitteln arbeiten, die Schwermetalle und andere physische Verseuchungen, die mit Energie-Toxinen in Ihrem Körper verbunden sein können, aus dem Körper spülen. Sprechen Sie mit einem Naturheiler oder einer ausgebildeten Beraterin im Bioladen.

Erdung

Erdung bedeutet, dass Ihr Bewusstsein in Ihrem Körper angesiedelt ist und nicht irgendwo über ihm schwebt, wo Sie sich Ihrer physischen Handlungen nicht bewusst sind.

Viele Erdenengel verlassen ihren Körper, weil sie mit der irdischen Dimension nicht umgehen können. Sie fliehen mit ihrem Bewusstsein »nach Hause« und sind nicht wirklich hier. In Träumen oder beim Meditieren ist das in Ordnung, doch in den Wachstunden während des Tages müssen wir uns daran erinnern, dass es einen Grund gibt, warum wir einen physischen Körper haben.

Um sich zu erden, können Sie zum Beispiel den Edelstein Obsidian am Körper tragen. Oder Sie können Gemüse essen, das in der Erde wächst, einschließlich biologischen, nicht genetisch modifizierten Rettichen, Kartoffeln, Karotten, Zwiebeln und Rüben.

Auch eine Fußmassage ist eine gute Methode zur Erdung, egal, ob Sie sich selbst massieren oder jemand anderes Ihnen diesen Dienst erweist. Eine weitere wirksame Erdungs-Technik besteht darin, Wurzeln zu visualisieren, die aus Ihren Fußsohlen in die Erde wachsen, so als wären Sie ein Baum. Fühlen Sie die Energie der Erde, wie sie durch Ihre Fußsohlen in Ihren ganzen Körper fließt.

Eine meiner liebsten Erdungs-Methoden ist die Verbindung mit der Natur. Barfuß durch Gras, Erde, Sand oder Wasser zu gehen wird Ihnen helfen, Ihren Geist wieder auf Ihre physische Realität zu fokussieren.

Bäume sind wunderbare Heiler!

Bäume können große Unterstützung und Hilfe leisten, wenn es darum geht, sich zu schützen, zu klären und zu erden. Ich habe seit jeher eine enge Verbindung zu Bäumen empfunden. Sie »sprechen« zu mir, und ich kann ihre Energie und Botschaften hören und fühlen.

Die Bäume haben mich ihre Heilungsmacht gelehrt.

Als ich einmal auf Reisen war und unter Rückenschmerzen litt, fühlte ich mich angeleitet, mich gegen einen Baum zu lehnen. Ich konnte fühlen, wie der Schmerz von dem Baum aufgesogen wurde. Der Baum hielt nicht an dem Schmerz fest, er wandelte ihn um. Und sofort fühlte mein Rücken sich wieder stark und gesund an!

Seit damals habe ich häufig mit Bäumen gearbeitet, um emotionalen Schmerz und auch Krankheit umzuwandeln. Außerdem habe ich andere Menschen einzeln oder in Gruppen diese Methode gelehrt, mit denselben positiven Resultaten.

Um mit der Hilfe eines Baumes zu heilen, gehen Sie in einen Wald, und bitten Sie geistig einen der Bäume, Ihnen zu helfen. Vertrauen Sie der inneren Führung, die Ihnen sagt, mit welchem Baum Sie arbeiten sollen. Er wird antworten und Sie rufen. Sie werden die Antwort Ihres Baumes in Ihrem Körper und Ihrer Seele fühlen. Ich persönlich kann jedes Mal in meinem Inneren eine tatsächliche Stimme hören, und vielen anderen Menschen geht es genauso.

Dann lehnen Sie sich mit dem Rücken gegen den Baum, schließen die Augen und atmen tief ein. Seien Sie nun bereit, alles Schmerzliche loszulassen. Und keine Angst – es wird dem Baum nicht wehtun. Es ist der gleiche Prozess, den Bäume gemeistert haben, indem sie schmutzige Luft in reinen Sauerstoff umwandeln.

Heilung mithilfe von Bäumen ist eine erstaunliche, sanfte und sehr liebevolle Erfahrung. Bäume enthalten so viel Weisheit. Jeder hat seine eigene Persönlichkeit, kein Baum ist wie der andere.

Außerdem liebe ich es, unter Bäumen zu sitzen und ihre Botschaften aufzuschreiben. So wie ich es in meinem Buch *Die Heilkraft der Feen* getan habe, als die Bäume mich lehrten, wie man die Vergangenheit loslassen kann.

Außerdem können Sie die Welt-Energie klären, schützen und von Negativität befreien – ein machtvoller Prozess, an dem alle Erdenengel sich beteiligen können, um allen Lebewesen auf unserem schönen Planeten zu helfen. Visualisieren Sie die Welt als gereinigt und beschützt, und bitten Sie Gott, die Erde mit extra Schutzengeln und schützendem Licht zu umgeben. Je mehr Erdenengel den Himmel darum bitten, desto mehr Schutz wird dem Planeten zuteil.

19

Wie Sie mehr Zeit und Energie finden können

Seien wir ehrlich: Als hilfsbereite Menschen haben Erdenengel ein sehr erfülltes und arbeitsreiches Leben.

Wir helfen freiwillig anderen Menschen und Organisationen aus, weil wir den natürlichen Impuls fühlen, unsere Hilfe anzubieten. Und daher kann es sein, dass unser emsiges Helfen unsere ganze Zeit und Energie kostet und uns irgendwann sehr ermüdet. Was bleibt einem Erdenengel da zu tun?

Die einfachste Möglichkeit, mehr *Zeit* zu haben, besteht darin, die *Menge* Ihrer Energie aufzustocken. Je mehr Energie Sie haben, desto mehr nutzbare Stunden hat Ihr Tag. Anstatt jeden Abend gleich nach dem Essen einen »Absturz« zu erleben, werden Sie feststellen, dass Ihre Energie bis Mitternacht hoch bleibt. Und danach schlafen Sie tief und fest und wachen morgens um 6 Uhr auf, gut gelaunt, voller Freude und bereit, wieder von vorne anzufangen.

Hohe Energie ist zudem das Geheimnis schneller Manifestation. Je mehr Sie visualisieren, affirmieren und für die Erfüllung Ihrer Träume beten, desto höher ist Ihre Energie, und desto schneller wird Ihre Manifestation Realität.

Ein Grund, warum Ihre Schutzengel Sie ständig innerlich liebevoll drängen, sich eine gesündere Lebensweise anzugewöhnen, besteht darin, dass die Engel wissen, dass auf diese Weise alle Ihre Gebete schneller erfüllt werden. Wenn Ihre Engel Sie anleiten, Fitness zu betreiben, raten sie Ihnen dies nicht, weil sie Sie verurteilen oder versuchen, Ihnen den Spaß zu verderben.

215

Vielmehr wissen sie, dass tägliches körperliches Training Ihnen deutlich mehr Energie geben wird. Körperliche Betätigung erlaubt Ihnen außerdem, Stress aufzulösen und Kummer oder Sorgen loszulassen, die Sie von Ihrer Lebensaufgabe ablenken.

Es ist erwiesen, dass selbst 20 Minuten Körpertraining pro Tag die Produktion von Serotonin auffallend erhöht, der chemische Stoff, den das Gehirn ausscheidet, um Ihnen bei der Regulierung von Energie, Stimmung und Energie zu helfen. Je mehr Serotonin Ihr Gehirn produziert, desto besser fühlen Sie sich.

Stretching und Loslassen

Das tägliche Strecken der Muskeln ist ein einfacher und schneller Weg, Ihren Körper voller Energie und beweglich zu halten. Das können Sie sogar im Bett tun, wenn Sie auf dem Rücken liegen und die Beine mit durchgestreckten Knien hochhalten. Ihre Arme der Länge nach an der Seite, um das Gleichgewicht zu halten, dehnen Sie Ihre ausgestreckten Beine, Knie zusammen, zunächst nach links, während Ihre Muskeln sich entspannen und loslassen. Dann wiederholen Sie diese Bewegung nach rechts.

Als Nächstes strecken Sie das rechte Bein und drehen es sanft, während Sie es in Richtung Ihres linken Armes bewegen. Tun Sie das Gleiche mit Ihrem linken Bein, und drehen Sie es sanft in Richtung Ihres rechten Armes.

Viele schmerzhafte Emotionen sind in der Hüfte gespeichert und können losgelassen werden, indem Sie Ihre Hüfte nach beiden Seiten dehnen und sie auf diese Weise öffnen. Legen Sie sich zum Beispiel in Nähe einer Wand auf den Boden. Rücken Sie mit Ihren Hüften so nah wie möglich an die Wand, und legen Sie Ihre ausgestreckten Beine an die Wand. Öffnen Sie

Ihre Beine so weit, wie es Ihnen angenehm ist, und halten Sie diese Position eine Weile.

Sie werden vielleicht überrascht sein von den Emotionen, die an die Oberfläche steigen, wenn Sie Ihre Hüften öffnen. Wenn Ihnen die Tränen kommen, lassen Sie es zu; sie sind Teil des Prozesses von Loslassen und Klärung. Falls die Emotionen zu intensiv sind, um alleine damit fertigzuwerden, sollten Sie vielleicht die Unterstützung eines professionellen Beraters oder einer Hilfsgruppe in Erwägung ziehen. Auch Ihre Gefühle aufzuschreiben kann während dieses Prozesses des Loslassens hilfreich sein.

Auf YouTube und anderen Websites finden Sie viele ausgezeichnete, kostenlose Lehrvideos mit Stretch- oder Dehnübungen. Oder Sie nehmen einen Yoga- oder Pilates-Kurs mit persönlichem Trainer, damit Sie sichere Möglichkeiten lernen, wie Sie Ihre Muskeln dehnen können.

Erdenengel und Gewichtsprobleme

Körpertraining hilft Ihnen außerdem, überflüssige Pfunde zu verlieren. Da fast jeder Erdenengel Probleme mit seinem oder ihrem Gewicht hat, ist dies ein wichtiges Thema.

Da die Erde – vom physischen, energetischen und emotionalen Standpunkt aus betrachtet – eine sehr raue Umgebung ist, legen Erdenengel häufig extra Pfunde zu, um sich zu schützen. Die Erde ist der einzige Planet mit einer derart schonungslosen Konkurrenz und Rivalitäts-Energie. Nur hier herrscht jeden Tag Rivalität zwischen Menschen und Tieren, die fürchten, dass es nicht genügend Ressourcen für alle gibt.

Erdenengel sind nicht besonders konkurrenzorientiert, da sie möchten, dass jeder gewinnt und alle glücklich sind. Daher versuchen sie zu vermeiden, sich die »Ich-muss-unbedingt-er-folgreich-sein«-Attitüde anzugewöhnen, die in so vielen Unternehmen und bereits in den Schulen vorherrscht. Erdenengel wissen, dass das Leben als eine Win-win-Situation gedacht ist.

Wettbewerb, Konkurrenz, Rivalität, Gewalt und die anderen rauen Energien der Erde empfinden Erdenengel als sehr fremd und verstörend. Sie benutzen Essen und Alkohol, um ihre Sensitivität zu dämpfen. Und die auf diese Weise gewonnenen überflüssigen Pfunde helfen ihnen als eine Art Puffer gegen diese rauen Energien.

Doch hierbei gibt es ein doppeltes Problem:

1. Erdenengel reagieren extrem sensitiv auf chemische Stoffe, die durch Nahrung oder Drogen in ihren Körper gelangen, was sie unter anderem sehr anfällig für Allergien macht. Indem sie also toxische Nahrungsmittel, Getränke oder Drogen zu sich nehmen, sinkt ihr Energielevel, und sie leiden unter Entzündungen, Angstzuständen oder Depression.

2. Das zweite Problem besteht darin, dass Erdenengel extrem sensitiv auf das reagieren, was andere Leute über sie denken. Sie haben die Tendenz, um die Anerkennung anderer Menschen zu werben als Teil ihres Wunsches, jeden glücklich zu sehen. Erdenengel wissen, dass sie ursprünglich nicht von diesem Planeten sind, und sie fühlen sich als Außenseiter, die darum kämpfen, sich einzufügen.

Das extra Gewicht, mit denen Erdenengel sich zu schützen versuchen, kann zur Folge haben, dass andere Menschen sie aufgrund ihres Körperumfangs ablehnen. Schließlich gibt es in dieser Welt sowohl für Frauen als auch für Männer jede Menge Druck, schlank und fit zu sein. Natürlich ist es optimal für unseren Körper, ein gesundes Gewicht zu halten. Doch der Druck für Frauen, extrem dünn zu sein, und für Männer, extrem muskulös zu sein, führt bei Erdenengeln zu Selbstzweifel bezüglich ihres Wertes in dieser Welt.

Viele Erdenengel verurteilen sich dafür, dass ihr Körper nicht »perfekt« ist. Und sie benutzen diese Selbstverurteilung als Möglichkeit, sich daran zu hindern, voller Selbstvertrauen in Richtung ihrer Träume und Lebensaufgabe zu gehen.

Doch die Wahrheit (und ich spreche jetzt als ehemalige Therapeutin für Essstörungen) ist, dass in dieser Welt niemand seinen oder ihren Körper hundertprozentig gut findet und sich entsprechend wohl damit fühlt. Jeder kann mindestens einen Aspekt seines Körpers und Aussehens nennen, der nicht mit den unnatürlich dünnen und perfekten Models in den Medien übereinstimmt. Diese jungen Frauen leiden häufig unter tragischen Essstörungen, um so mager zu bleiben. Nur ungefähr 10 Prozent aller Menschen können essen, was immer sie wollen und trotzdem so dünn wie die Vorbilder bleiben. Zudem werden die Fotos dieser Models in der Regel digital bearbeitet, um eine perfekte Haut und Figur vorzutäuschen.

Fest steht jedoch, dass Erdenengel, die auf ihren Körper achten, indem sie sich gesund ernähren und jeden Tag trainieren, mehr Energie und größeres Selbstvertrauen haben.

Als Erdenengel neigen Sie dazu, die Probleme anderer Menschen auf sich zu nehmen. Vielleicht erleben Sie sogar Situationen, wo fremde Menschen Sie ansprechen und Ihnen ihre sämtlichen Probleme erzählen. Das liegt daran, dass Menschen

Ihnen intuitiv vertrauen. Falls Ihnen so etwas häufig passiert, ist dies ein Zeichen, dass Ihre Lebensaufgabe damit zu tun hat, andere professionell zu beraten.

Sie sollten um göttliche Hilfe ersuchen. Schließlich vergessen Erdenengel manchmal, »zu Hause anzurufen« und um Unterstützung zu bitten.

Es gibt keine für jeden Menschen passende, universal gesunde Ernährungsweise oder ein Trainingsprogramm. Jeder hat einen anderen Energie-Stoffwechsel. Eines ist jedoch sicher: Jeder Mensch hat Schutzengel, die genau wissen, welches Trainings- oder Ernährungsprogramm für den oder die Betreffende perfekt ist.

Höchstwahrscheinlich haben Sie schon starke intuitive Führung empfangen, um gesunde Veränderungen in Bezug auf Ihre körperliche Fitness, Schlaf- und Essgewohnheiten vorzunehmen. Wenn Sie so sind wie die meisten Menschen, haben Sie sich diesem inneren Drängen widersetzt, weil Sie das Vergnügen und die Bequemlichkeit Ihrer gegenwärtigen Lebensweise nicht aufgeben wollten. Vielleicht mögen Sie es nicht, wenn man Ihnen sagt, was Sie tun sollen, selbst wenn es die Engel sind, die Ihnen diese Führung als Antwort auf Ihre Gebete zukommen lassen.

Also wollen wir Gott und die Engel fragen, welche Führung sie Ihnen in Bezug auf Essen, Trinken und Fitness geben. Wir wollen uns jetzt, in diesem Moment, ihre Führung klar und bewusst machen:

❀ Nehmen Sie sich einen Moment Zeit, um Ihre Schultern zu spüren, und während Sie einatmen, bitten Sie Ihre Schultermuskeln, sich zu entspannen. Atmen Sie ruhig weiter und bitten Sie Ihre anderen Muskeln, sich zu entspannen. Indem

Sie einen tiefen Atemzug nehmen, richten Sie Ihren Fokus auf Ihr Herz und denken Sie an die Engel.

Während Sie dies tun, bitten sie Ihre Engel, Ihnen zu helfen. Dann richten Sie mit lauter Stimme oder innerlich diese Frage an Ihre Engel:

»Liebe Schutzengel, welche Veränderungen sollte ich
eurem Wunsche nach vornehmen im Hinblick darauf,
wie ich mit meinem Körper umgehe?«

Was ist der erste Gedanke, das erste Gefühl, Wort oder Visionen, die Ihnen in den Sinn gekommen sind, während Sie diese Frage an Ihre Engel gelesen und gestellt haben? Höchstwahrscheinlich ist es dieselbe Führung, die Sie bereits erhalten und ausgeblendet haben. Vielleicht haben Sie diese Führung auch aufgeschoben oder ganz ignoriert. Vergessen Sie nicht: Die Engel sind auf Ihrer Seite. Sie versuchen nicht, Sie zu kontrollieren oder Ihnen den Spaß zu verderben.

❀ Als Nächstes sagen Sie die folgenden Sätze laut:

»Liebe Engel, bitte gebt mir klare Zeichen,
die ich problemlos erkennen und verstehen kann
und die mich wissen lassen,
dass ich euch heute richtig gehört habe.
Bitte gebt mir den Mut, die Kraft und die Motivation,
damit ich diese gesunden Veränderungen
ohne Zögern und Aufschieben umsetzen kann.«

Falls Sie irgendwelche medizinischen Probleme haben, sollten Sie sich vielleicht zusätzlich von einem Ernährungsberater, Naturheiler oder Arzt über gesunde Ernährungsweisen beraten lassen.

Je schneller Sie die Veränderungen vornehmen, zu denen Sie angeleitet werden, desto schneller werden sich alle Ihre Träume realisieren.

❀ Nun wollen wir Erzengel Raphael, den Heilungsengel, und Erzengel Michael, den Engel des Mutes und des Schutzes, bitten, Sie zu unterstützen:

»Lieber Gott und Erzengel Raphael und Michael,
bitte helft mir, nur Appetit auf gesunde Nahrungsmittel
und Getränke zu haben.
Danke, dass ihr mir die Motivation, Zeit, Unterstützung
und Ermutigung gebt, meinen Körper täglich fit zu halten.
Ich überlasse euch jetzt alle meine früheren Ängste und
Ausreden, warum ich nicht besser auf meinen physischen
Körper geachtet habe.«

20

Engel-Aktivisten

Seien Sie kein fauler Lichtarbeiter! Tragen Sie das Ihrige bei, legen Sie los, beginnen Sie mit Ihrer Arbeit, und helfen Sie dem Rest von uns. Es gibt jede Menge großer Probleme in der Welt, die jetzt Ihre Aufmerksamkeit und Tatkraft brauchen! Wenn die Welt perfekt wäre, müssten Sie und ich nicht hier sein. Wir hätten einfach zu Hause im Himmel bleiben und von oben Gebete zur Erde schicken können.

Ein passiver Erdenengel lässt die Regierung tun, was sie will; ein passiv-aggressiver Erdenengel beschwert sich über die Regierung; ein aggressiver Erdenengel wird vielleicht mit Gewalt gegen die Regierung vorgehen; doch ein selbstbewusster Erdenengel bleibt stets wachsam und bewusst; er mischt sich ein und nimmt kein Blatt vor den Mund.

Sie können durch Ihren Erdenengel-Blick alles wissen, was gerade in der Welt und Ihrer näheren Umgebung passiert: Als Erstes sollten Sie sich klarmachen, dass »Nachrichten« die Meinung eines oder mehrerer Menschen sind in Bezug auf das, was passiert. Jede Zeitung wird die gleiche Story unter einem anderen Blickwinkel berichten. Viele Zeitungen gehören großen Unternehmen, und die Reporter werden aufgefordert, voreingenommene Berichte zu schreiben, die eine bestimmte finanzielle und politische Agenda favorisieren.

Betrachten Sie Nachrichtenmeldungen als »göttliche Aufträge«. Anstatt sich über eine Story Sorgen zu machen oder sich verärgern oder deprimieren zu lassen, beten Sie stattdessen dafür! Indem Sie der Situation Ihre Gebete schicken, *helfen* Sie bereits. Wenn Erdenengel sich ärgern oder wütend werden, strahlen sie machtvolle toxische Energien in die Atmosphäre aus. Es ist wichtig, diese sehr realen menschlichen Emotionen in konstruktiver Weise zu channeln.

Ich bin stolz auf Erdenengel, die sich der Probleme bewusst sind, mit denen sich unser Planet jetzt, in diesem Moment, konfrontiert sieht. Und ich bin besonders stolz auf diejenigen unter ihnen, die aktive Schritte unternehmen, um zu helfen, indem sie zum Beispiel Petitionen unterzeichnen, ihre jeweiligen Abgeordneten kontaktieren, gesundheitsschädigende Produkte boykottieren, an friedlichen Kundgebungen teilnehmen, etc.

Positives Denken allein reicht nicht

In der Vergangenheit vermieden Erdenengel die Beschäftigung mit diesen Problemen. Sie versuchten, »positives Denken« als Möglichkeit zu benutzen, mit der Welt umzugehen. Positives Denken ist dann wichtig, solange es in *positive Handlungsschritte* umgesetzt wird.

Sie können Ihr Haus nicht allein durch positives Denken putzen. Sie müssen den Besen und den Mopp aus dem Schrank holen. Sie können Ihre Familie nicht allein durch positives Denken füttern. Sie müssen die Mahlzeiten unter Einsatz Ihres physischen Körpers zubereiten. Sie können Ihre Haare nicht allein durch positives Denken sauber halten. Sie müssen aktiv werden und es mit Shampoo waschen.

Und genauso verhält es sich mit dem Saubermachen und Sauberhalten unserer Welt. Jeder von uns ist verantwortlich und muss seinen oder ihren Teil dazu beizutragen. Daher tausend Dank an alle, die aktiv daran arbeiten, dem Planeten zu helfen!

Für das einzustehen, was richtig ist, und sich für Themen einzusetzen, die Ihre Seele berühren, sind Teil der Reise des Erden-engel-Helden. Zuweilen sind wir zögerliche Helden, die zum Dienst »gerufen« werden. Denken Sie an die heilige Jungfrau von Orleans ... oder im Bereich Fiktion an Frodo in *Herr der Ringe,* Jake Sully in *Avatar,* und Dorothy in *Der Zauberer von Oz.*

Erdenengel und Narzissmus

Erdenengel sind intuitiv und wissen genau, was Menschen hö-ren möchten. Aus diesem Grund wenden wir uns an das Ego der Menschen in dem Bemühen, ihnen zu gefallen, was sie in ihrem Gefühl, Dinge verlangen zu dürfen, bestärkt. Dies macht uns zu perfekten Zielen für »Narzissten«, die süchtig danach sind, ihr Ego von anderen gestreichelt zu bekommen.

»Pay no attention to the man behind the curtain!« (»Achte nicht auf den Mann hinter dem Vorhang!«) Diese berühmten Worte aus dem *Der Zauberer von Oz* passen perfekt zu der auf-schlussreichen Erkenntnis der letzten Jahre, wo wir erkennen, wie unsere Welt wirklich betrieben wird.

Während der Schleier zunehmend durchsichtiger wird, sehen wir immer klarer die erschreckend kaltherzige Wahrheit hinter manchen unserer persönlichen Beziehungen sowie der politi-schen Maschinerie: den Öl- und Geld-Baronen; pharmazeuti-schen Unternehmen und Firmen, die Saatgut für Nahrung her-stellen; dem Steuersystem; und der Art, wie Menschen und Tiere als Ware benutzt werden, ohne Rücksicht auf Wahrheit oder Gefühle.

Narzissten sind Menschen, deren einziger Fokus auf ihre eigenen Bedürfnisse und Komfort gerichtet ist. Sie haben nicht die Fähigkeit sich vorzustellen, wie ein anderer fühlt, und in

Wahrheit interessiert es sie auch gar nicht. Das *Diagnostical and Statistical Manual of Mental Disorders* (DSM-IV), ein Handbuch, das von Therapeuten konsultiert wird, um psychische Erkrankungen und Persönlichkeitsstörungen zu diagnostizieren, definiert einen Menschen als Narzisst, der mindestens fünf der folgenden Eigenschaften hat:

1. Ein grandioses Gefühl der eigenen Wichtigkeit (der oder die Betreffende übertreibt seine Leistungen und Talente und erwartet, als überlegen anerkannt zu werden, ohne wirklich Angemessenes geleistet zu haben).
2. Beherrscht von Fantasien über grenzenlosen Erfolg, Macht, Brillanz, Schönheit oder idealer Liebe.
3. Die Überzeugung, dass er oder sie besonders und einzigartig ist und nur von anderen besonderen oder hochstehenden Menschen (oder Institutionen) verstanden werden bzw. sich mit ihnen einlassen kann.
4. Das Bedürfnis nach exzessiver Bewunderung.
5. Ein Gefühl der Berechtigung (unangemessene Erwartungen, vor allem im Hinblick auf positive Reaktion oder automatische Erfüllung seiner oder ihrer Erwartungen); ausbeuterisch in zwischenmenschlichen Beziehungen (nutzt andere aus oder übervorteilt sie, um seine oder ihre eigenen Ziele zu erreichen).
6. Ein Mangel an Empathie (ist nicht bereit, die Gefühle und Bedürfnisse anderer zu erkennen oder sich mit ihnen zu identifizieren).
7. Beneidet andere oder ist überzeugt, dass andere ihn oder sie beneiden.
8. Legt ein arrogantes oder überhebliches Verhalten an den Tag.

Ein Narzisst umgibt sich mit Menschen, die mit ihm oder ihr übereinstimmen, und jeder, der es wagt, Fragen zu stellen, wird aus dem Kreis ausgeschlossen. Ein Narzisst ist extrem unsicher und eifersüchtig; er sieht Menschen und Tiere als Objekte, die sein oder ihr Ego streicheln.

Auch ein Soziopath (oder Psychopath) betrachtet Menschen und Tiere als Objekte. So wie ein Narzisst hat auch ein Soziopath kein Mitgefühl. Beide wissen, dass sie anders sind als andere Menschen, weil sie weder Reue noch Mitleid kennen. Doch sie verstecken diese Tatsache vor anderen und spielen Schuldgefühle oder Traurigkeit vor, um andere zu manipulieren. Ihre schlimmste Manipulation jedoch besteht darin, dass sie andere Menschen, die ein Gewissen *haben*, dazu bringen, sich zu fürchten oder schuldig zu fühlen, damit sie tun, was der andere will.

Soziopathen werden häufig nicht zu Unrecht als gewalttätig betrachtet. Doch gibt es auch »gewaltlose« Soziopathen, die andere Menschen benutzen, damit sie an ihrer Stelle Gewalttaten ausführen. Anders als Narzissten, die andere Menschen brauchen, um sich von ihnen ihre Überlegenheit bestätigen zu lassen, sind Soziopathen *überzeugt* davon, überlegen zu sein. Sie glauben, dass Menschen, die ein Gewissen haben, schwach und minderwertig sind. Menschen und Tiere sind für sie wie Schachfiguren, die zu ihrer Unterhaltung da sind und ein Mittel, mehr Geld und Macht zu erlangen.

Sowohl der Narzisst als auch der Soziopath hat das Bedürfnis, andere zu dominieren und zu kontrollieren. Beide nutzen Sie aus, ohne das geringste Gefühl von Schuld.

Indem wir die Wahrheit darüber erfahren, wie die Welt wirklich funktioniert, sehen wir, dass Narzissten und Soziopathen bis in die höchsten Spitzen der Politik aufgestiegen sind. Da man annimmt, dass 96 Prozent der Bevölkerung ein funktionierendes Gewissen besitzen, sind wir gutgläubig davon ausgegangen, dass auch unsere politischen Führer eins besitzen. Wir haben uns ihrem Willen untergeordnet, genau wie die Verhaltensstudien es vorhergesagt haben.

Und jetzt, wo der Lack ab ist, was können wir tun?

1. Wir besitzen spirituelle Macht. Andere können uns weder eingrenzen noch kontrollieren oder Ihre Fähigkeit beeinflussen, wie Sie Ihren Geist benutzen, um zu denken, zu beten und zu manifestieren. Das ist der Grund, warum Ihre Engel Sie drängen, sich zu entgiften, da ein sauberer, nüchterner Geist viel fokussierter und machtvoller ist als ein betäubter oder verkaterter Kopf. Und dies ist auch der Grund, warum Sie gedrängt werden, sich zu einer Entgiftung zu verpflichten.

   Sie sind viel mächtiger, als Sie wissen, und Sie haben andere Lichtarbeiter um sich, denen das Wohl des Planeten vordringlich am Herzen liegt. Ein gesundes Maß an Hingabe, harter Arbeit und Selbstanalyse zum Zwecke der Entgiftung ist nötig, doch gemeinsam können wir es schaffen!

2. Lassen Sie Ihren Worten Taten folgen! Der schnellste Weg zu Selbstvertrauen besteht darin, in Übereinstimmung mit Ihren höchsten Idealen zu handeln. Das bedeutet nicht, dass Sie perfekt sein müssen. Tatsächlich kann Perfektionismus zur Folge haben, dass Sie sich schlecht über sich selbst fühlen. Vielmehr bedeutet es, nicht länger die Dinge zu tun, die Ihnen Schuldgefühle verursachen. Es bedeutet, regelmäßig ehrliche Gespräche mit sich selbst zu führen und Ihr Verhalten entsprechend zu adjustieren. Fragen Sie Ihr höheres Selbst: *Was soll ich deiner Meinung nach ändern, um meinen optimalen Weg uneingeschränkt gehen zu können?*

3. Machen Sie sich mit den Eigenschaften und Taktiken von Narzissten und Soziopathen vertraut. Wissen und Vorausschau sind unser bester Schutz, wenn es darum geht, ihre zukünftigen Verhaltensweisen vorauszusehen und vorbereitet zu sein. Erliegen Sie nicht den schuldeinflößenden Taktiken. Für diese Personen sind dies nichts als Verschleierungstaktiken, derweil sie sich lustig über Sie machen, weil Sie ihnen in die Hände arbeiten, indem Sie mit Angst und Schuldgefühlen reagieren.

4. Umgeben Sie sich mit großherzigen Menschen. Jetzt, wo Sie wissen, wie Sie einen Narzissten oder Soziopathen erkennen können, gehen Sie ihnen unter allen Umständen aus dem Weg. Diese Menschen spielen kalte und berechnende Spiele, und Sie können nur gewinnen, indem Sie das Spiel nicht mitmachen.

Hier ein wunderschönes Gebet, um mit Narzissten umzugehen und ein selbstbewusster Erdenengel-Aktivist zu sein:

»Lieber Gott,
danke, dass du mich anleitest, ein starker,
selbstbewusster und großherziger Mensch zu sein.
Danke, dass du mir hilfst, gesunde Wege zu finden,
um mit meinen Emotionen umzugehen.
Danke, dass du mich anleitest, meinen Körper zu ehren.
Danke, dass du mir großherzige, vertrauenswürdige
und liebe Freunde schickst.
Danke, dass du meine Augen für die Wahrheit öffnest.
Danke, dass du über mich wachst und uns alle beschützt.
Amen.«

229

Nachwort

Der Tag, an dem Sie nicht länger die Bestätigung anderer Menschen brauchen, ist der Tag, an dem Sie wahre Freiheit erlangt haben. Seien Sie ehrlich im Umgang mit Ihren Mitmenschen, und man wird Sie umso mehr respektieren … und was am wichtigsten ist, Sie werden *sich selbst* mehr respektieren.

Sie können in jeder Situation Segnungen und Heilung finden, wie traurig und erschütternd sie auch sein mag. Indem Sie sich dieser Segnungen bewusst werden, bringen Sie mehr geheilte und positive Energie in die Welt.

Sie können Ihr Licht heller erstrahlen lassen, indem Sie sich in jeder Situation Ihren Gefühlen stellen. Fressen Sie Ihre Gefühle nicht in sich hinein. Gefühle sind Energie, sie müssen in Bewegung sein und fließen.

Sie können Ihre alte Trauer und Wut nur heilen, indem Sie diesen Energien gestatten, Ausdruck zu finden.

Bitte tun Sie es! Hier sind einige Beispiele von Ausdrucksmethoden, die sich besonders gut eignen:

- ❀ Beten
- ❀ Kreative und künstlerische Projekte
- ❀ Gartenarbeit oder Aufenthalt in der freien Natur
- ❀ Tagebuchschreiben oder Blogging
- ❀ Gespräch mit einem lieben Freund/Freundin (lebend oder verstorben)
- ❀ Kontakt zur Natur suchen
- ❀ Ihren Lieblingsaktivitäten nachgehen
- ❀ Zeit mit geliebten Menschen verbringen

Eine meiner Geburtstags-Traditionen ist es, ins Fitnessstudio zu gehen und ein geruhsames Work-out zu genießen. Ich war 25, als ich mit dieser Tradition begann. Seither habe ich fast jeden Tag trainiert und empfinde es als ein Geschenk, das ich mir selbst gebe.

An dem Tag, als ich 25 wurde, habe ich eine Mitgliedschaft in einem nahe gelegenen Fitnesscenter gekauft. Ich tat es, weil ich über mein Leben meditiert und um Führung gebeten hatte, wie ich mich glücklicher mit mir selbst fühlen könnte. Die inneren Antworten, die ich empfing, besagten, dass ich täglich trainieren und außerdem meinen großen Wunsch, publizierte Autorin zu werden, in die Tat umsetzen sollte.

Ich erkannte, dass für mich der einzige Weg, körperlich fit zu sein und Bücher zu veröffentlichen, darin bestand, entsprechende aktive Schritte zu unternehmen. Mein Körper würde nur dann fit werden, wenn ich ihn trainierte, mich gesund ernährte und industriell verarbeitete Lebensmittel sowie schädliche Chemikalien in jeder Form mied. Und in gleicher Weise würde ich nur dann eine publizierte Autorin werden, wenn ich mir die Zeit nehmen würde, täglich zu schreiben und das Manuskript bei einem Verlag einzureichen.

Nun, ich habe beides getan! Und weil ich täglich trainiert und geschrieben habe, sind meine beiden Visionen von Fitness und gedruckten Büchern wahr geworden.

Und das lag nicht daran, dass ich »Glück« hatte. Glück hatte nichts damit zu tun.

Meine Träume wurden Realität, weil ich bereit war, die nötige Zeit und Mühe zu investieren. Ich war eine viel beschäftigte Mutter von zwei kleinen Jungen; ich hatte einen Vollzeitjob *und* ging daneben aufs College. Was bedeutet, dass ich die perfekte Entschuldigung gehabt hätte zu sagen, dass ich weder die Zeit, die Energie oder das Geld hatte, um ein Abo für das Fitnesscenter zu kaufen oder mein Buch zu schreiben.

Doch mit Entschuldigungen und Ausflüchten können Sie im Leben keinen Blumentopf gewinnen. Ausreden besagen, dass Sie ein Opfer äußerer Umstände sind, und das stimmt nie.

Die Stimme Ihres Egos ist nicht Ihre wahre Stimme. Es ist die Stimme der Angst, und Sie müssen nicht auf sie hören oder ihren Anweisungen folgen. Ihr Ego spricht immer nur von dem, was Sie alles *nicht* tun können. Es beginnt Sätze mit dem Wort »Aber…«, wie zum Beispiel: »Aber du hast nicht genug Zeit«, oder: »Aber zuerst brauche ich mehr Geld«, oder: »Aber was würden die Leute denken?« Das Ego ist ein einziges überdimensionales »Aber«!

Lassen Sie nicht zu, dass Ihr Ego Ihnen die Freude ausredet, die auf Sie wartet. Der Weg zur Erfüllung Ihrer Träume ist voller Freude. Er ist außerdem vielschichtig, unsicher und nicht vorhersehbar. Es ist der künstlerische Weg der Seele.

Anstatt also auf die Argumente meines Egos zu hören, wählte ich ein Fitnesscenter, dem ein Kindergarten angeschlossen war. So waren meine Söhne Charles und Grant gut versorgt, während ich trainierte. Und ich wusste, dass es ein Vorbild für meine Söhne war, wenn sie sahen, wie ihre Mutter regelmäßig trainierte, genau wie ich es bei meiner Mutter gesehen hatte. Ich wollte, dass meine Söhne gesunde Möglichkeiten lernten, mit Stress umzugehen, und zwar durch körperliches Training, Beten und Meditation. Und sie lernten es!

Darüber hinaus wollte ich meinen Kindern zeigen, dass das Universum uns alle Geschenke gibt, wenn wir bereit sind, darauf hinzuarbeiten.

Und wenn die beiden abends schlafen gegangen waren, habe ich mein Buch geschrieben. Ich stellte einen Zeitplan auf mit selbst gewählten Deadlines, die mich motivierten, jedes Kapitel rechtzeitig fertigzuschreiben.

Und dann betete ich und nahm meinen ganzen Mut zusammen, um die fertigen Kapitel bei Verlagen einzureichen.

Jeder Traum, den Sie haben, funktioniert auf dieselbe Weise. Es reicht nicht, sich etwas zu wünschen. Es ist nicht genug, für etwas zu beten oder es zu visualisieren.

Gott hilft tatsächlich jenen, die sich selbst helfen.

Anstatt zu argumentieren, warum Sie etwas *nicht* tun können, versuchen Sie es bitte mit dieser Lektion, die ich gelernt und in diesem Buch mit Ihnen geteilt habe:

Nehmen Sie jeden Tag einen aktiven Schritt vor, der mit Ihrem Traum zu tun hat. Es spielt keine Rolle, was Sie tun. Entscheidend ist, dass Sie jeden Tag etwas unternehmen, was Sie Ihrem Traum ein Stück näher bringt.

Werden Sie zu Ihrer eigenen Autoritätsperson, und geben Sie sich selbst die Erlaubnis, die von Ihnen ersehnten Veränderungen durchzuführen. Durch Ihre klare Entscheidung, positiven Intentionen und Bereitschaft, die nötige Arbeit zu leisten, können Sie Ihren Traum Realität werden lassen.

Wir befinden uns in einer Zeit großer positiver Veränderungen und neuer Energie-Verteilung in den Bereichen Familie, Beziehungen und Karriere. Es ist eine perfekte Zeit, sich an die Realisierung Ihrer Träume zu machen, selbst wenn Sie sich noch nicht genug vorbereitet fühlen oder Ihren gesamten Aktionsplan noch nicht genau kennen.

Schritt für Schritt werden alle Träume wahr in einer Weise, die Ihre Erwartungen bei Weitem übertrifft … aber Sie müssen den ersten Schritt tun!

Keine Selbstzweifel mehr!

Was immer Sie sich in den Kopf setzen und bereit sind, dafür zu arbeiten, wird passieren ... häufig auf eine Weise, die jenseits Ihrer Vorstellungskraft liegt.

Seien Sie bereit, Risiken einzugehen, und genießen Sie die Reise. Keine Zeit mehr, auf Nummer sicher zu gehen! Und unterschätzen Sie nie die Macht eines entschlossenen Erdenengels (und das *sind* Sie).

Gott hat jeden von uns gleichermaßen machtvoll erschaffen.

Macht kommt weder von Geld noch von Bildung, Karriere oder akademischen Titeln.

Macht kommt von Gott. Und Sie haben seine Macht schon jetzt, in diesem Moment.

Entfesseln Sie Ihre innere Macht zum Zwecke der Heilung, Kreativität und in dem Wunsch, positive Änderungen in Ihrem eigenen Leben, im Leben Ihrer Familie und in der Welt vorzunehmen.

Das Einzige, was Sie tun müssen, ist, an die Macht Gottes zu glauben, die Sie durchströmt.

Glauben Sie, und setzen Sie Ihre innere Macht ein, um der Welt ein heilendes Licht zu bringen.

Bestimmen Sie, wohin Sie Ihre innere heilende Macht senden wollen, und dann tun Sie es – *jetzt sofort!*

In Liebe,
Doreen

235

Über die Autorin

Doreen Virtue hat einen Ph.D. in beratender Psychologie. Sie ist Autorin von mehr als 50 Büchern und Orakelkartendecks, die spirituelle Themen behandeln. Sie ist weltweit bekannt für ihre Arbeit mit den Engeln und wird häufig »The Angel Lady« genannt.

Als lebenslange Aktivistin ist Doreen in Wohltätigkeitsorganisationen und Bewegungen involviert, die eine gesunde Umwelt, faire Behandlung von Tieren, saubere Luft und Wasser sowie biodynamische, nicht gentechnisch veränderte Nahrungsmittel für alle propagieren.

Doreen Virtue war Gast bei *Oprah*, *CNN, The View* und anderen Fernseh-und Radioprogrammen; außerdem schreibt sie wöchentliche Kolumnen für das amerikanische Magazin *Woman's World*. Ihre Bücher und Kartendecks sind in viele Sprachen übersetzt und über Kindle und andere E-Book-Anbieter sowie als iTune-Apps verfügbar. Für zusätzliche Informationen über Doreen und die von ihr geleiteten Seminare besuchen Sie bitte ihre Website: *www.AngelTherapy.com*.

Über *HayHouseRadio.com*® können Sie Doreens Live-Radioshows hören und sie telefonisch um ein Reading bitten.

Erzengel Gabriel – der Bote Gottes

DOREEN VIRTUE
Erzengel Gabriel
Der Bote Gottes
208 Seiten
€ [D] 19,99 / € [A] 20,60
sFr 27,90
ISBN 978-3-7934-2258-7

Gabriel hilft den Menschen dabei, *selbst zu einem göttlichen Boten zu werden und unterstützt Lehrer, Künstler, Musiker und Schriftsteller bei ihrer Arbeit. Auch Eltern steht er bei der Erziehung ihrer Kinder liebevoll zur Seite. In ihrem neuen Erzengel-Buch beschreibt Doreen Virtue ausführlich die mythischen und biblischen Hintergründe dieses Engels, erzählt von Begegnungen mit ihm und erklärt, worin seine besondere Bedeutung liegt und wie man mit ihm Kontakt aufnimmt.*

Allegria

Das Tarot der positiven Impulse

**DOREEN VIRTUE
MIT RADLEIGH VALENTINE**
Das Erzengel-Tarot
78 Karten mit Anleitungsbuch
€ [D] 24,99 / € [A] 25,70
sFr 34,90
ISBN 978-3-7934-2269-3

Die Karten geben mehr als Antworten: Sie geben Mut, Motivation und Kraft, um die Zeichen zu verstehen und sich auf einen neuen Weg zu begeben. Sie tragen die Magie des traditionellen Tarot in sich, mit wunderschönen und inspirierenden Worten und Motiven. Das Begleitbuch gibt dem Leser eine Schritt-für-Schritt-Einführung dazu, wie man ein Tarot für sich selbst und andere richtig anwendet.